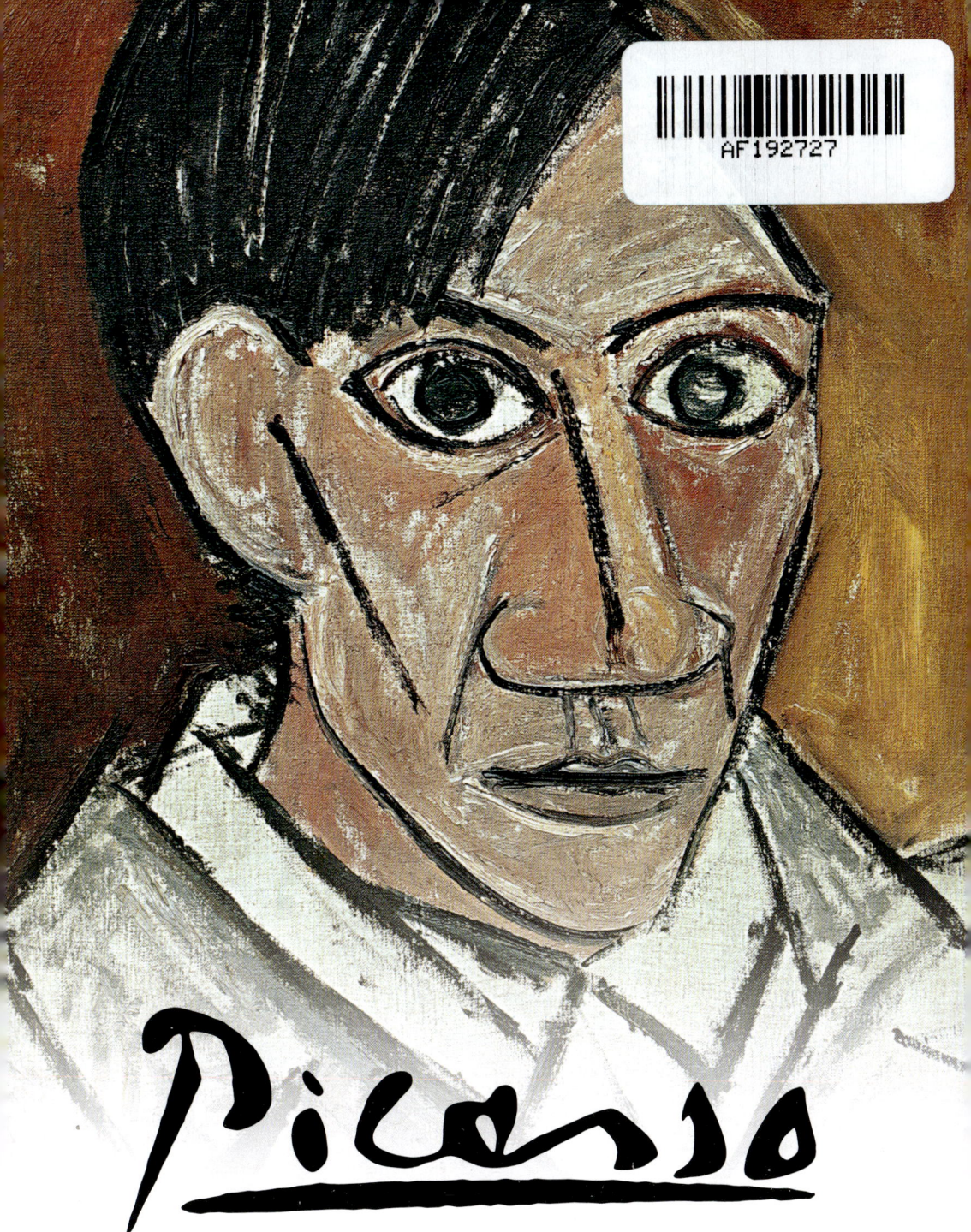

Picasso

susaeta

Dirección y coordinación de producción: Roberto Uriel Herrera
Dirección de arte: Rocío Cuenca Farrona
Textos: María José Mas Marqués y Equipo Susaeta
Corrección: Carmen Blázquez
Diseño gráfico y maquetación: Daniel Pastor Martín
Diseño de cubierta: Roberto Uriel Herrera
Preimpresión: Miguel Ángel San Andrés

© SUSAETA EDICIONES S.A.
C/ Campezo, 13 - 28022 Madrid
Tel.: 91 3009100
www.susaeta.com

SUMARIO

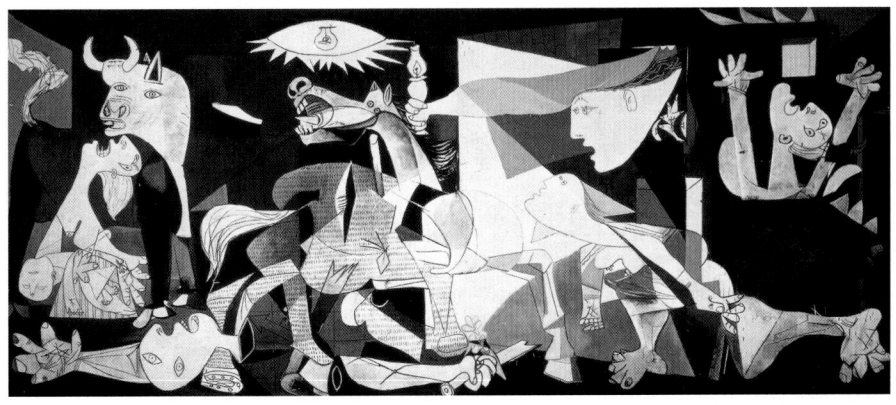

LOS INICIOS

Pablo Ruiz Picasso nació en Málaga el día 25 de octubre de 1881, a las 23:15, según testimonia el acta de su nacimiento. Se le impusieron los nombres de Pablo, Diego, José, Juan Nepomuceno y Cipriano de la Santísima Trinidad.

Cuando le bautizaron el 10 de noviembre en la iglesia parroquial de Santiago, añadieron un nombre más, el de María de los Remedios. Su padre, José Ruiz Blasco, malagueño, era pintor y profesor de la Escuela de Bellas Artes de San Telmo y, ocasionalmente, conservador del incipiente Museo Municipal. Su madre, también malagueña, era María Picasso López.

Al nacer, estuvo a punto de morir asfixiado, pero por lo demás su infancia transcurrió con la normalidad propia de una familia burguesa. Picasso conservaría escasos recuerdos de su Málaga natal, como que aprendió

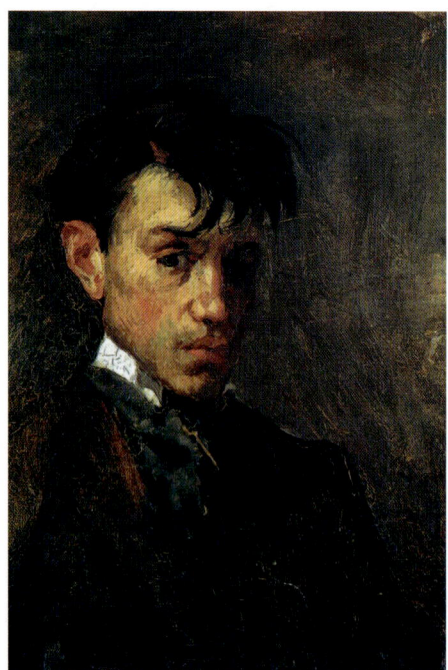

a caminar empujando una caja de galletas Olivet, o que iba a una escuela en la que se aburría mucho, aunque le permitían llevar una paloma... Su única obsesión era pintar, dibujar y escuchar las conversaciones sobre arte que mantenían los amigos de su padre.

A la primera época infantil pertenecen los óleos *Vista del puerto de Málaga* y *El picador amarillo*. En el año 1891, la familia se trasladó a La Coruña,

▪ *Autorretrato mal peinado*
1896, óleo sobre lienzo, 32,7 x 23,6 cm
Barcelona: Museo Picasso

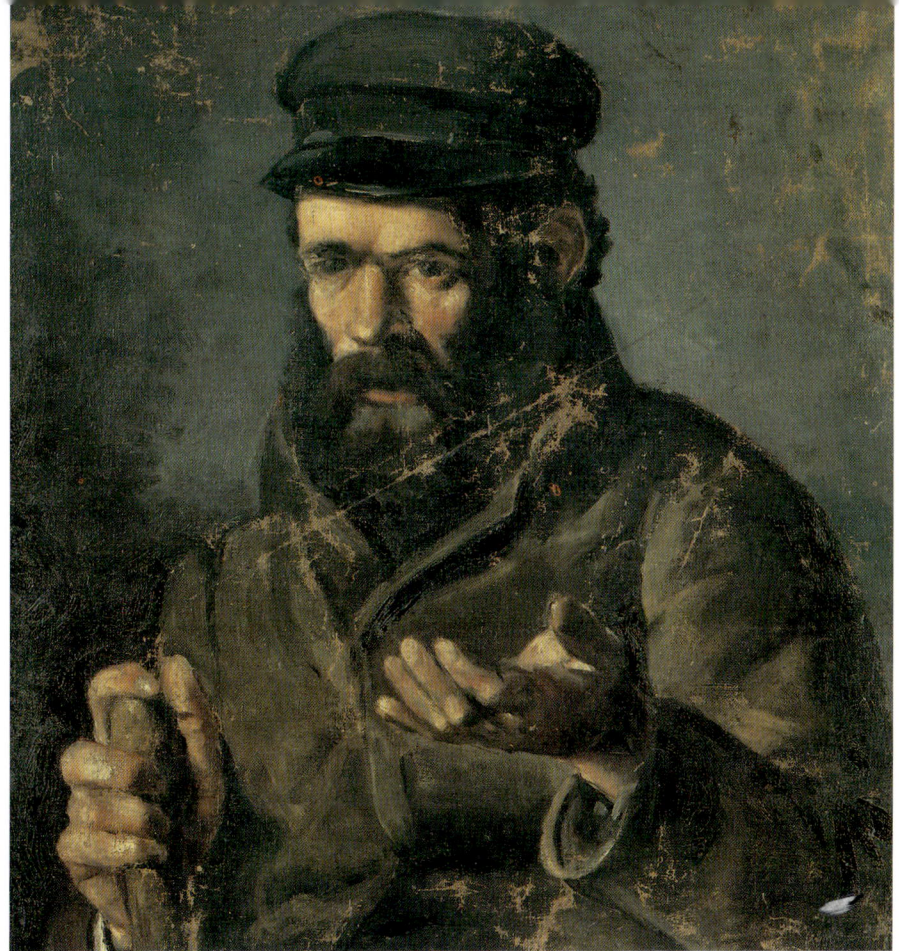

■ El mendigo de la gorra
1894, óleo sobre lienzo, 72,5 x 50 cm
París: Musée Picasso

donde permaneció durante cuatro años. Picasso asistió a las clases del Instituto de Segunda Enseñanza y, a partir de 1893, a la Escuela de Bellas Artes. En ese mismo año, el niño escribía y dibujaba una revista que tituló *Asul y Blanco (sic),* y al año siguiente otra, también manuscrita, que llevó el título de *La Coruña.* En esta misma época empezó a dibujar en cuadernos y a fechar sus dibujos.

Asimismo, realizó al óleo los retratos de sus padres. Unos meses después pintó *La muchacha de los pies descalzos* y *El mendigo de la gorra,* el segundo está firmado y fechado en 1894; ambos revelan las extraordinarias dotes de observador del pintor adolescente. Posterior en unos meses es *El viejo pescador.*

Fin de siglo en Barcelona

José Ruiz consiguió el traslado a Barcelona, gracias a un intercambio que realizó con otro profesor que deseaba trasladarse a Galicia. Pero antes de abandonar La Coruña, preparó una exposición de pinturas de su hijo en la trastienda de un establecimiento de la calle Real, que en la actualidad tiene el número 54. Al finalizar el curso, la familia viajó hacia Madrid, donde Picasso visitó el Museo del Prado por primera vez y, después de pasar las vacaciones de verano en Málaga, se embarcaron rumbo a Barcelona, a donde llegaron el 21 de septiembre de 1895.

Picasso aprobó el examen de ingreso en la Escuela de Bellas Artes de la Llotja, en donde se impartía arte clásico y bodegones. En Barcelona se abrió para él un horizonte nuevo, muy diferente a cuanto había conocido en Málaga o La Coruña. En la capital catalana se debatía el modernismo, era una ciudad burguesa e industrial, con una importante masa de población marginada, encaminada hacia una crisis social y política. Era una capital cosmopolita.

El joven artista se formó, pintó, dibujó y, con pocos años de aprendizaje, empezó a conseguir un cierto reconocimiento. En 1896 realizó *La*

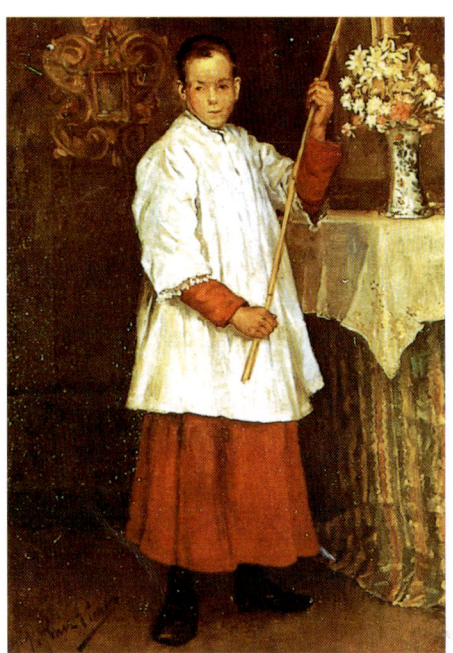

primera comunión, El monaguillo y *Retrato de la tía Pepa,* presentando el primero a la III Exposición de Bellas Artes e Industrias Artísticas celebrada en Barcelona entre abril y julio de 1896. Se trataba de una obra muy estudiada, pero concebida como un «fragmento de vida», con los elementos, el virtuosismo y el simbolismo indispensables. La exposición era un acontecimiento importante en la vida cultural de la ciudad, y

■ *El monaguillo*
1896, óleo sobre lienzo, 76 x 50 cm
Barcelona: Museu de Montserrat

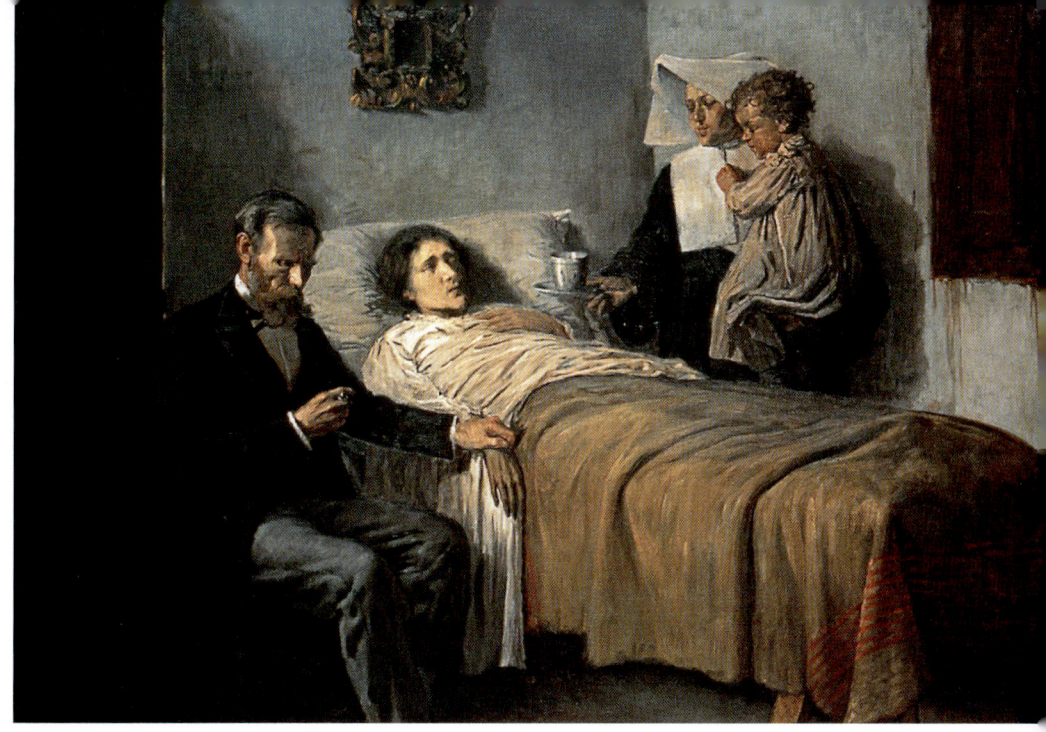

■ *Ciencia y caridad*
1897, óleo sobre lienzo, 197 x 249,5 cm
Barcelona: Museo Picasso

el mero hecho de figurar en ella a edad tan temprana fue un triunfo.
Miquel i Badia escribió en el *Diario de Barcelona* del 25 de mayo
el siguiente juicio sobre la obra: «*La primera comunión* de Pablo Ruiz
Picasso es la obra de un bisoño en la que se advierte sentimiento en
los personajes principales y trozos apuntados con firmeza». Ese mismo año
realizaría un retrato academicista de su padre, *Retrato de don José Ruiz
Blasco, padre del artista,* y *Autorretrato mal peinado,* nada académico,
y quizá inacabado, que indica un cambio importante: la liberación
del anecdotismo verista con predominio de la pincelada académica,
acercándose a lo que podría denominarse el expresionismo catalán de
finales y principios de siglo.

En 1896, la familia Ruiz Picasso se trasladó de su primer domicilio, sito en
la calle Llauder de los Porxos d'en Xifré, a la calle de la Mercè, número 3,
2.º 1.ª. Esta nueva casa se encontraba cerca de la Lonja y muy próxima
a la plaza de Medinaceli, domicilio definitivo de la familia al que Picasso
volvería una y otra vez desde su residencia de París. Por esas fechas
consiguió su primer estudio de pintor en el número 4 de la calle de la Plata,

muy cerca de donde vivía su buen amigo Manuel Pallarés, con quien lo compartió. Picasso tenía 14 años y Pallarés, que lo llevaría a Horta de Ebro a pasar el verano, era el primer amigo que tenía en Barcelona.

Para la Exposición General de Bellas Artes de Madrid de 1897, Picasso pintó *Ciencia y caridad,* que obtendría una mención honorífica el 8 de junio.

El círculo modernista

Picasso dejó la Escuela de Bellas Artes de la Llotja y empezó a frecuentar el taller libre del Círculo Artístico. El modernismo había estallado, y Rusiñol y Casas hicieron llegar una bocanada de aire fresco desde París. Reinaba un espíritu de rebelión y libertad, y Picasso descubrió en ese movimiento una capacidad de vivencia que no había podido ni soñar dentro del mundo académico en el que militaba su padre.

El 12 de junio de ese mismo año tuvo lugar en Barcelona un acontecimiento de fundamental importancia para la vida artística y cultural del momento: la inauguración de Els Quatre Gats, un establecimiento situado en la planta baja de la Casa Martí de Puig i Cadafalch, en la esquina de la calle Montsió con el pasaje del Patriarca. Se trataba de una recreación del conocido Chat Noir de París que fundó Pere Romeu por inspiración de Miquel Utrillo y Ramón Casas y con la protección de Santiago Rusiñol. Este último lo definió como una «gótica cervecería para los enamorados del norte».

A los 16 años, el joven pintor preparó en Els Quatre Gats la primera exposición de su vida (con el único precedente de sus obras de infancia en La Coruña), integrada por los retratos de sus contertulios de esta cervecería. Esta muestra estaba inspirada en la serie de retratos realizada por Ramón Casas, quien estaba influido a su vez por Toulouse-Lautrec, entre otros. La exposición de los dibujos de sus contertulios tenía un cierto carácter revolucionario. En lugar de representar a los poderosos, los consagrados o los sabios, Picasso dibujó a sus compañeros.

Con motivo de esta muestra, apareció en *La Vanguardia* la primera crítica sobre el artista. Tanto en la revista *Quatre Gats* como en su sucesora *Pèl & Ploma*, se habló del pintor. El joven artista, íntimamente identificado con el local, dibujó los menús de 1900 con virtuoso arabesco y tintas planas, dentro de la estética japonizante que predominaba entonces.

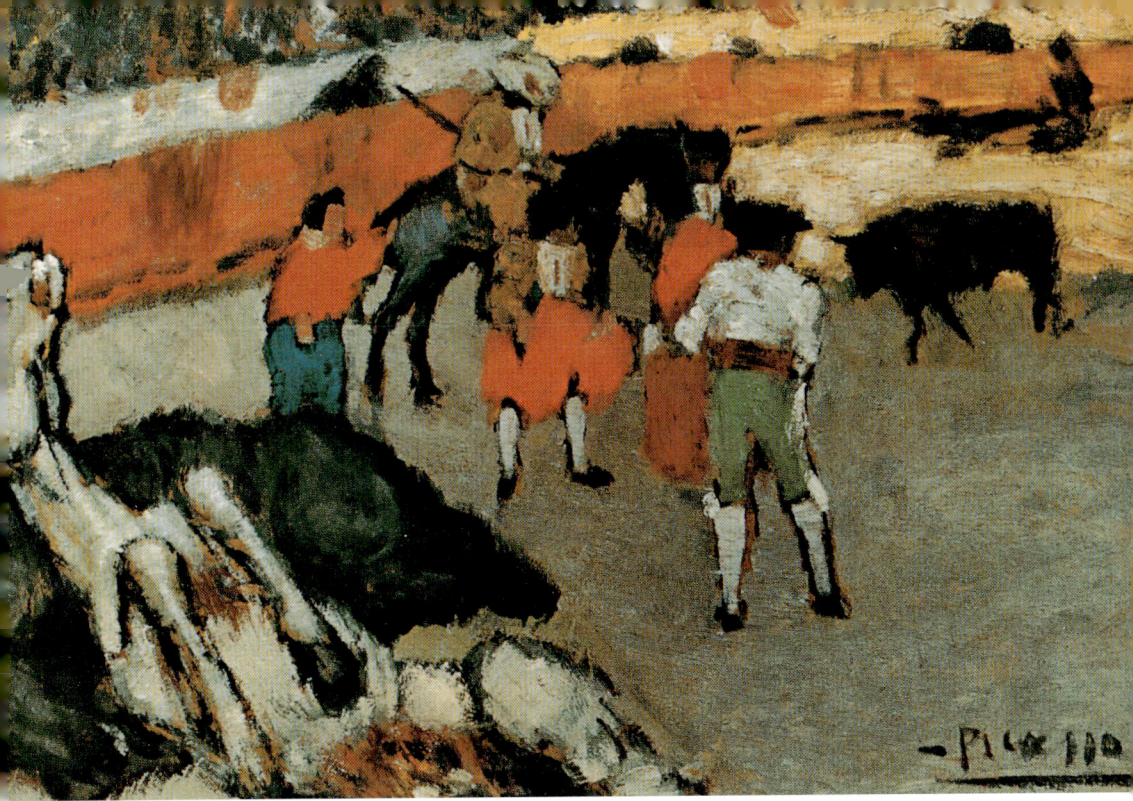

■ *Corrida de toros*
1901, óleo sobre cartón y sobre lienzo, 49,5 x 64,7 cm
Colección particular

Hasta su cierre en 1903, en Els Quatre Gats tuvieron lugar numerosas exposiciones. Por allí desfilaron las obras de Regoyos y Nonell (1898), Ramón Pichot, Xavier Gosé, Eveli Torrent, Josep Dalmau (1899), Carlos Vázquez, Casagemas, Picasso (1900), etc. Esta actividad se completaba con diversos eventos musicales y literarios.

En este contexto, Picasso intensificó su amistad con Nonell, Casagemas, Manolo Hugué, Sabartés, Reventós y otros artistas, y entró en contacto directo con la pintura francesa de Toulouse-Lautrec y de los dibujos e ilustraciones de Steinlen. Las influencias se aprecian en magníficas obras como *Lola, la hermana del artista,* realizada en carboncillo y lápices de color sobre papel. Picasso siguió frecuentando Els Quatre Gats, pero deseaba escapar de su estrecho círculo, así que se dedicó a realizar un inventario tanto de la vida barcelonesa de la calle, calurosa y animada, como de las corridas de toros, una de las temáticas preferidas del artista a lo largo de toda su trayectoria. En esta etapa firmó numerosas obras

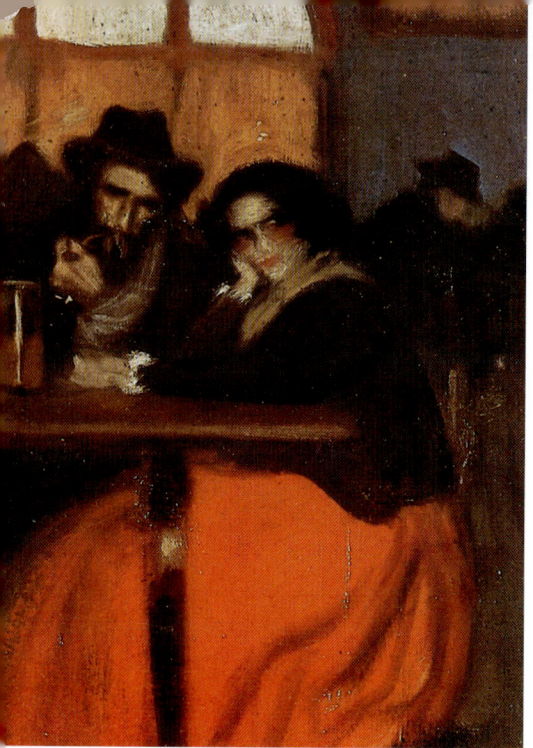

■ *Interior de Els Quatre Gats*
1900, óleo sobre lienzo, 41 x 28 cm
Nueva York: Colección Simon M. Jaglon

sobre esta temática realizadas en pastel mezclado, en ocasiones, con óleo o aguada.

Son obras coloristas, típicas de su ambiente, en las que en ocasiones aparece la tragedia de la fiesta. De ellas cabe mencionar: *Corrida de toros, La corrida* y *Escenas de corrida (Las víctimas)*. Estos espectáculos al aire libre, con la plaza inundada de sol, contrastan vivamente con el tenebrismo anterior, y con otras obras en las que la ventana, abierta o cerrada, es la protagonista, o en aquellas en que lo es una cámara mortuoria. A Picasso le interesaba de forma especial la incidencia de la luz en los objetos, paisajes o personajes, y las variantes expresivas que estos adquieren según sea la manera en que se utiliza el color. En *La ventana con cortina desde el interior* la habitación está en penumbra y el único elemento visible es el luminoso paisaje que se divisa tras una ventana que está cerrada. Este efecto de contraste producido por el contraluz queda intensificado por la forma en que la pintura se deposita sobre el lienzo: pinceladas rápidas, enérgicas, que descuidan los pormenores, realzan la textura y unifican la forma y el color.

París como modelo

La Exposición Universal de París, inaugurada el 14 de abril de 1900, atrajo, desde el primer momento, a muchos barceloneses, entre ellos a los que frecuentaban Els Quatre Gats, con Pere Romeu a la cabeza: la revista *Pèl & Ploma* dedicó varios números al acontecimiento, el Grand y el Petit Palais se inauguraron con este motivo, el puente de Alejandro III se acabó para la ocasión, la Torre Eiffel ya era una realidad y, en julio, fueron inauguradas la nueva estación de Orsay y la primera línea de metro.

La Exposición Universal se clausuró el día 12 de noviembre, y un mes antes Picasso y Casagemas emprendieron viaje a París, llegando a la estación de Orsay. Tras haberse dirigido a Montparnasse, donde vivían otros pintores, finalmente se instalaron en un estudio que había dejado libre Nonell.

Posteriormente, Pallarés se reuniría con ellos en otro estudio de la Rue Gabrielle. Se ha dicho que Picasso visitaba la galería de Berthe Weill, que ella le compró tres pasteles de tema taurino y que allí conoció a Pere Mañach, el joven marchante que introdujo en París a una serie de nombres nuevos. Otra versión señala que fue Nonell quien le presentó a Mañach. Sea como fuere, la relación entre ambos reviste una especial importancia, puesto que el marchante se interesó de inmediato por la pintura de Picasso y le ofreció 150 francos mensuales a cambio de su producción, lo que para Picasso significaba lograr la independencia económica.

Durante los más de dos meses que estuvo en París, la producción de Picasso evolucionó de la luz a la sombra, de la policromía exaltada a los colores nocturnos, del aire libre a los espacios cerrados.

La policromía está en consonancia con la serie de abrazos: *El abrazo, Abrazo en la mansarda, El abrazo bestial, La fusión en el abrazo* y *Fauno violentando a una joven,* todos de 1900, en los que sorprende la furia de los amantes. Están a dos pasos de la distorsión. Las líneas verticales recorren a los personajes de arriba abajo y

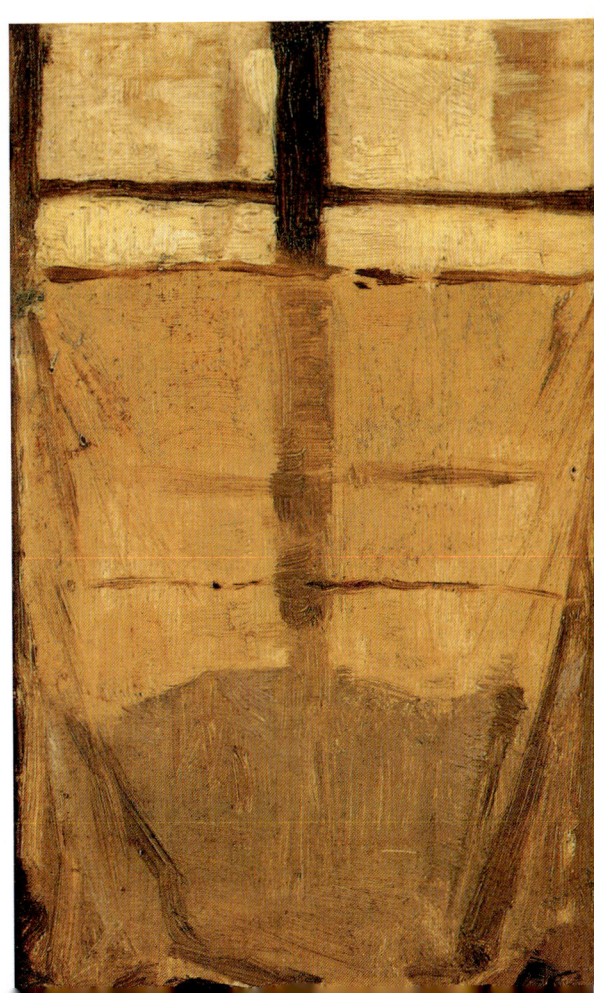

■ *La ventana con cortina desde el interior*
1899, óleo sobre tabla, 21 x 13,8 cm
Barcelona: Museo Picasso

Picasso, en lugar de describir el momento, como hace Degas, participa en la descripción.

En París, Picasso se sintió atraído por la temática en boga de los pintores de la bohemia: escenas de café, cabaret o teatro, que realizó con trazo más dinámico que Toulouse-Lautrec y que son, en general, más amables, como *El final del número*.

En el *Retrato de Carlos Casagemas* se anuncia ya la pintura que iba a desarrollar en años sucesivos, auspiciada por el carácter depresivo de Casagemas. Este retrato conviene relacionarlo, estilísticamente hablando, con el *Retrato de Ángel Fernández de Soto*, realizado en la misma época y que marca una inclinación hacia lo marginal e incluso hacia lo degradado.

Casagemas, que se había enamorado de Germaine Gargallo, estaba cada vez más taciturno y triste. Picasso, tras abandonar París y pasar un par de semanas en Barcelona, decidió llevar a Casagemas a Málaga para celebrar allí el año nuevo. Casagemas se sentía cada vez más sumido en la desdicha y siempre estaba bebido. Viendo que no había forma de distraer a su amigo, decidió enviarlo a Barcelona. Casagemas volvería a París en busca de Germaine, y el 17 de febrero, durante la celebración de una cena de despedida, puso fin a su vida disparándose un tiro en la sien.

Entre tanto, Picasso, tras una corta estancia en Málaga, viajó a Madrid y realizó una breve visita a Toledo para ver la obra del Greco. En abril regresó a Barcelona y en mayo viajó a París, donde inauguró, el día 24 de junio, una exposición conjunta con Francisco Iturrino en la Galería Vollard, en la que presentó 64 obras sin carácter unitario; fueron pintadas en Madrid, Barcelona y París, tres momentos próximos en el tiempo, pero conceptualmente diferentes.

En la pintura de la primera mitad de 1901 aparecen dos tendencias dominantes: unas obras son de pincelada pastosa, resbaladiza, y otras, más que puntillistas, están sencillamente punteadas. Los materiales y los soportes también son diversos: óleo sobre tela, cartón o madera, pastel, acuarela, dibujo, etc. Entre las obras expuestas se encontraban el *Autorretrato «Yo, Picasso»*, *La espera* o *Margot* −que en el catálogo de la exposición figura como *Pierreuse, la mano sobre el hombro*−, *La*

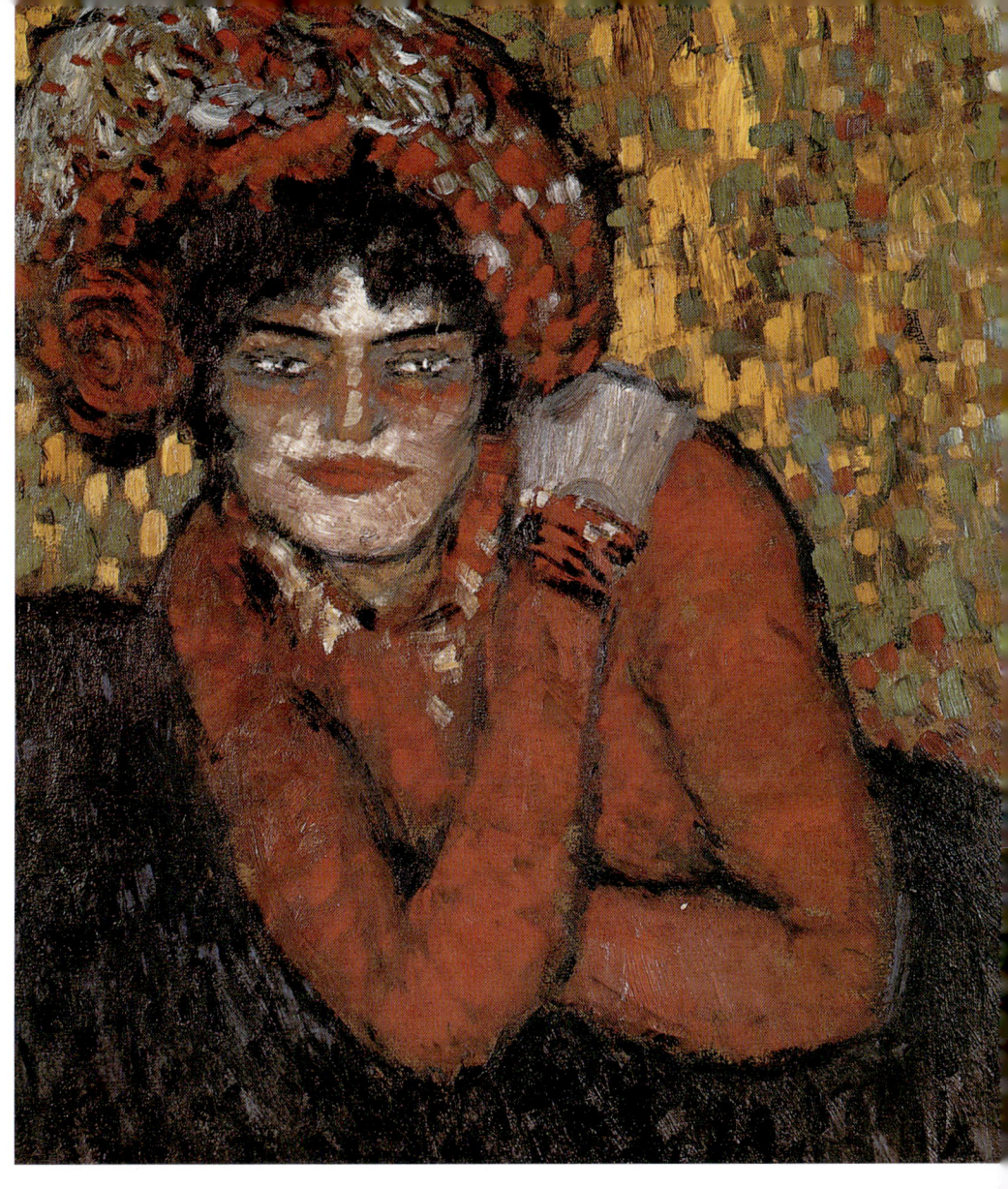

La espera
1901, óleo sobre cartón, 68,5 x 56 cm
Barcelona: Museo Picasso

absenta y «À Germaine» (Mme. Florentin) —esta última, que se acabaría casando con Ramón Pichot, fue amante de Manolo Hugué y de Picasso, y por quien se suicidó Casagemas—. También expuso varios jarrones de flores, rosas y numerosos óleos de tema taurino y de interiores.

DEL AZUL AL ROSA

A partir de 1901, y hasta 1907, Picasso se sintió atraído por una figuración en la que el color, más que formal, indicaba estados de ánimo y emociones.

A pesar de su aparente sencillez, cada cuadro representaba una profunda reflexión, un nuevo reto que se plasmaba en el lienzo. Las referencias históricas que aparecerían en *Las señoritas de Avignon* ya están presentes, aunque no totalmente definidas.

En esos años, Picasso continuó experimentando con la figura creando su propio universo, próximo a una realidad entre cercana y soñada: es el resultado de un mundo triste y a la vez soñado, la lucha entre lo que vemos y lo que imaginamos. En la época azul este color significa silencio y tristeza, mientras que en la rosa expresa, más que libertad, ansias de huir de la cotidianidad. Si ante el cuadro *La vida* vemos reflejado el fruto del amor, en *Familia de saltimbanquis* cabe citar la impresión del poeta Rainer Maria Rilke ante dicha obra, expresada con estas palabras: «Pero, quiénes son

■ *La habitación azul (El baño)*
1901, óleo sobre lienzo, 51 x 62,5 cm
Washington: The Phillips Collection

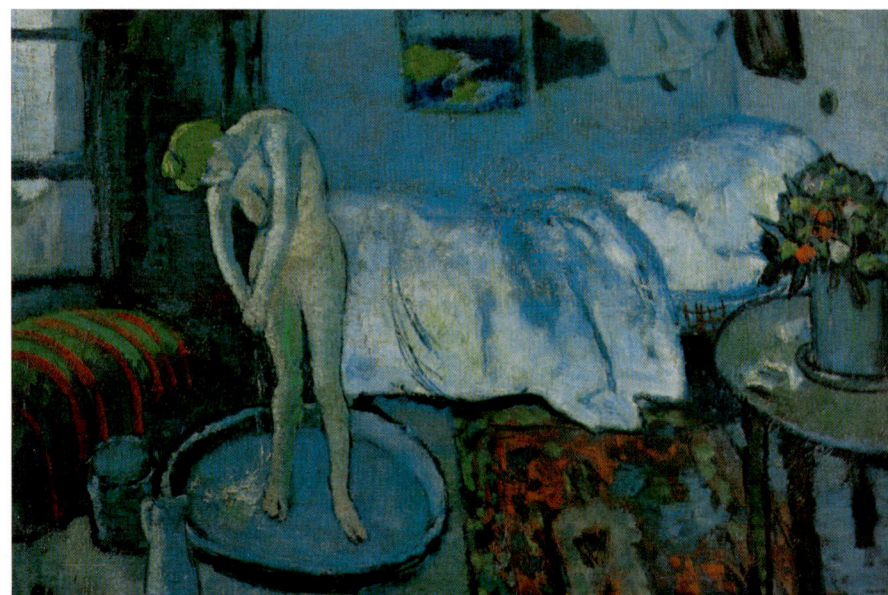

los trashumantes, dime, estas gentes todavía más fugitivas que nosotros mismos».

En el año 1905, el pintor se encontraba en Holanda donde, en clara relación con la tradición clásica, realizó su cuadro *Las tres holandesas,* fiel correlato del tema de *Las tres Gracias,* que él conocía a través de la versión de Rubens conservada en el Museo del Prado. Este clasicismo lo continuaría al volver a París y lo acentuaría durante su estancia en Gósol en el verano de 1906.

Entre Barcelona y París

El término «azul» hace referencia a la gama cromática dominante en los cuadros de esta época, que abarca desde 1901 a 1904, pero también al componente anímico que

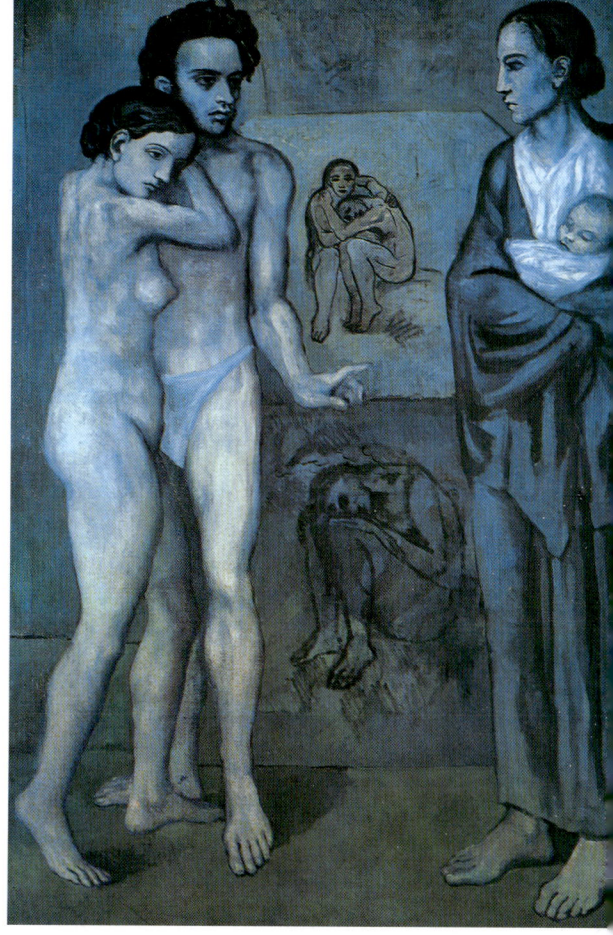

▪ *La vida*
1903, óleo sobre lienzo, 197 x 127,3 cm
Cleveland: Museum of Art

las obras desprenden. Las figuras alargadas se inspiran en las del Greco y, generalmente, están situadas en posiciones retóricas, exentas de movilidad y, en ocasiones, de cara al espectador, como si estuvieran dispuestas a entablar un diálogo privado. De todas las etapas picassianas, esta es la que más se aproxima al simbolismo de fin de siglo.

Mujer en azul es una obra pintada en la capital de España, cuando Picasso conoció y frecuentó a varios representantes de la generación del 98. Pío Baroja habla de este modo en sus *Memorias:* «Cuando estuvo en Madrid, Pablo Picasso cogió un estudio cerca de la calle de Zurbano, y se dedicaba a pintar de memoria figuras de mujeres de aire parisiense, con la boca redonda y roja como una oblea... Picasso tenía un aire atrevido y genial. En el poco tiempo que estuvo en Madrid, aparecieron en su estudio treinta o cuarenta cuadros hechos casi todos de memoria». Presentó la *Mujer en azul* a la Exposición Nacional de Bellas Artes de ese mismo año recibiendo una mención honorífica. El cuadro, buen ejemplo del inicio de esta etapa, no fue retirado por el artista al término de la muestra, por lo que, rescatado por Lafuente Ferrari, pasaría a formar parte de las colecciones estatales. Picasso representa en la tela a una mujer maquillada, con atuendo llamativo y aire parisiense, apoyada firmemente en su sombrilla y destacando sobre un fondo azul que contrasta con la tonalidad blanquiazulada del vestido. Es un personaje que produce un

■ *Mujer en azul*
1901, óleo sobre lienzo, 133 x 100 cm
Madrid: Museo Nacional Centro de Arte Reina Sofía

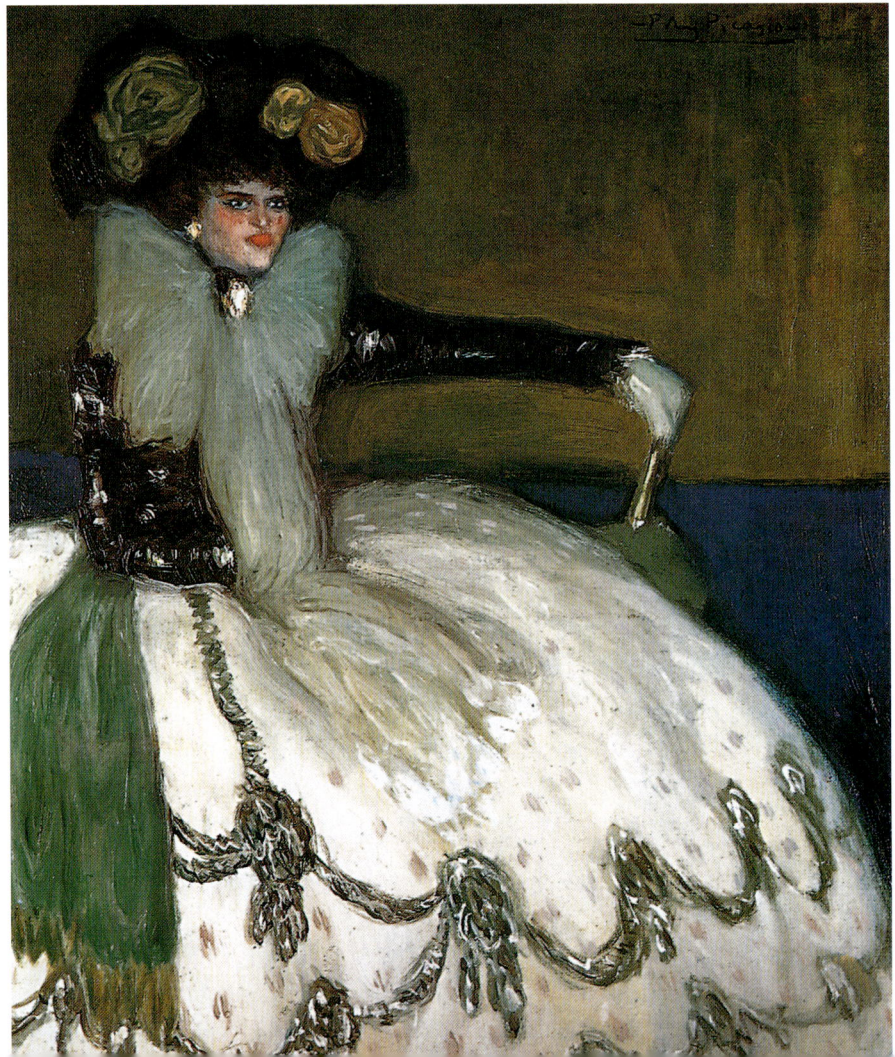

fuerte impacto y que inaugura con fuerza el que sería el tema predilecto de Picasso: la mujer. Ya en esta obra comenzó a conceder importancia a los elementos plásticos —aunque todavía predominaban los anecdóticos— a la composición cromática, a la disposición del personaje y al contraste entre el primer y el segundo término.

En esta misma exposición, el pintor Joaquín Mir expuso una de sus telas sobre Mallorca: *Montañas rojas,* obra fauvista *avant la lettre*. Este fauvismo de Mir es uno de los elementos que hay que tener en cuenta para comprender la inmediata evolución de Picasso. Durante su estancia en Madrid, la firma de Picasso osciló todavía entre «P. Ruiz Picasso», «P. R. Picasso» y, simplemente, «Picasso».

Durante su estancia en París en el otoño de 1901, fue cuando más claramente retornó a los interiores oscuros, así como a la interiorización de los sentimientos, todo ello probablemente estimulado por la luz del otoño y también por la situación de su habitación del bulevar de Clichy: orientada al norte, la luz se tornaría de tintes marinos. En París, finalizada la euforia del primer momento gracias a la exposición de Vollard, los factores económicos, las decepciones y las dificultades acababan de completar el cuadro argumental de la sensibilidad picassiana de este periodo. Una y otra vez retornaba la obsesión por el amigo que se había suicidado; a título póstumo, Picasso realizó una serie de apuntes y grandes óleos en memoria de su amigo difunto.

La culminación de la época azul

Ya en Barcelona, el pintor buscó de inmediato un estudio para trabajar. Se instaló en el número 10 de la calle Nueva, junto al cabaret Eden-Concert. Este año marca el desarrollo de la época azul, que en cierta manera corría en paralelo a la época verde de su amigo Nonell. El clima que Picasso vivió en la Barcelona de 1902 es el de la agitación social, con un gran número de huelgas, hambre, injusticias, etc. La postura social y política de Picasso queda manifiesta en el dibujo de 1902 titulado *La gana («El hambre»),* en el que aparecen un hombre que está predicando y un obrero que le replica: «Sí, sí, pero mis hijos tienen hambre».

En los autorretratos de este momento se aprecia a un Picasso que parece preocupado, con las cejas más o menos arqueadas. Seguramente, su

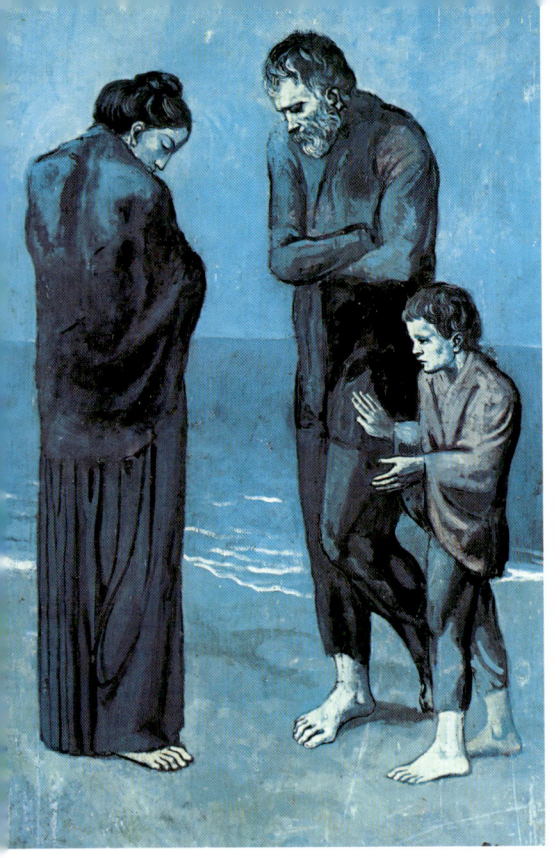

■ **Pobres al borde del mar**
1903, óleo sobre tabla, 105,4 x 69 cm
Washington: National Gallery of Art

mayor preocupación fuera su futuro artístico después de la ruptura con su primer marchante. En los dibujos, sueltos y placenteros, se descubre la exacerbación sexual del joven, que en el *Desnudo femenino con un espejo en la mano* ha dejado manuscrito «cuando tengas ganas de joder, jode», lo que nos viene a confirmar que, por encima de los preceptos que su familia le hubiera podido inculcar, él se concedía permiso para seguir sus impulsos vitales.

En otoño volvió a París, pero sus auspicios eran negros, y la peripecia para poder subsistir, constante. Esta estancia supuso uno de los momentos o, quizá, el momento más duro de la vida del artista, puesto que su situación era auténticamente insostenible.

A la penuria económica había que sumar la temperatura invernal, con frío muy intenso. Vivía en el Hôtel du Maroc y su entorno era sumamente difícil y desagradable. En estas condiciones surgió su «etapa sucia», que forma un corto paréntesis dentro de la época azul; esa suciedad se revela en el sentido más primario de la palabra. Sus acuarelas y dibujos eróticos son turbulentos y nos hablan de su estado de ánimo. En este tercer viaje, teóricamente debía consolidarse su posición. En cambio, fue casi un retroceso en su trayectoria artística.

En los autorretratos aparece desnudo y, seguramente, es una forma de hablarnos de su indigencia. Quizá para huir de este entorno aceptó trasladarse a la habitación que Max Jacob tenía en el bulevar Voltaire Este hecho supuso una liberación que, de inmediato, se vio reflejada en su obra. Picasso comenzó el año 1903 en París y en los primeros días de enero regresó a Barcelona. Las consecuencias de la «etapa sucia» pueden apreciarse todavía en obras como *Madre e hijo junto al mar* y *Desamparados,* dos pasteles realizados de modo consecutivo y con la misma modelo, en los que se aprecian restos de esa «suciedad» que caracteriza el momento anterior. También interesante es *La sopa,* que quizá tiene sus raíces en escenas vividas en París, aunque aparece singularmente limpia.

En la segunda mitad de 1903, Picasso se centró en la descripción del hombre depauperado, viejo, indigente y patético. *El viejo guitarrista ciego* y *El viejo judío* son buen ejemplo de ello.

A finales de año, el joven instaló su taller en el número 28 de la calle del Comercio, en un estudio que le cedió Gargallo. Allí pintó *El loco,* un personaje que marca el inicio de las transfiguraciones del rostro. Vemos

▪ ***Desamparados***
1903, pastel sobre papel, 47,5 x 41 cm
Barcelona: Museo Picasso

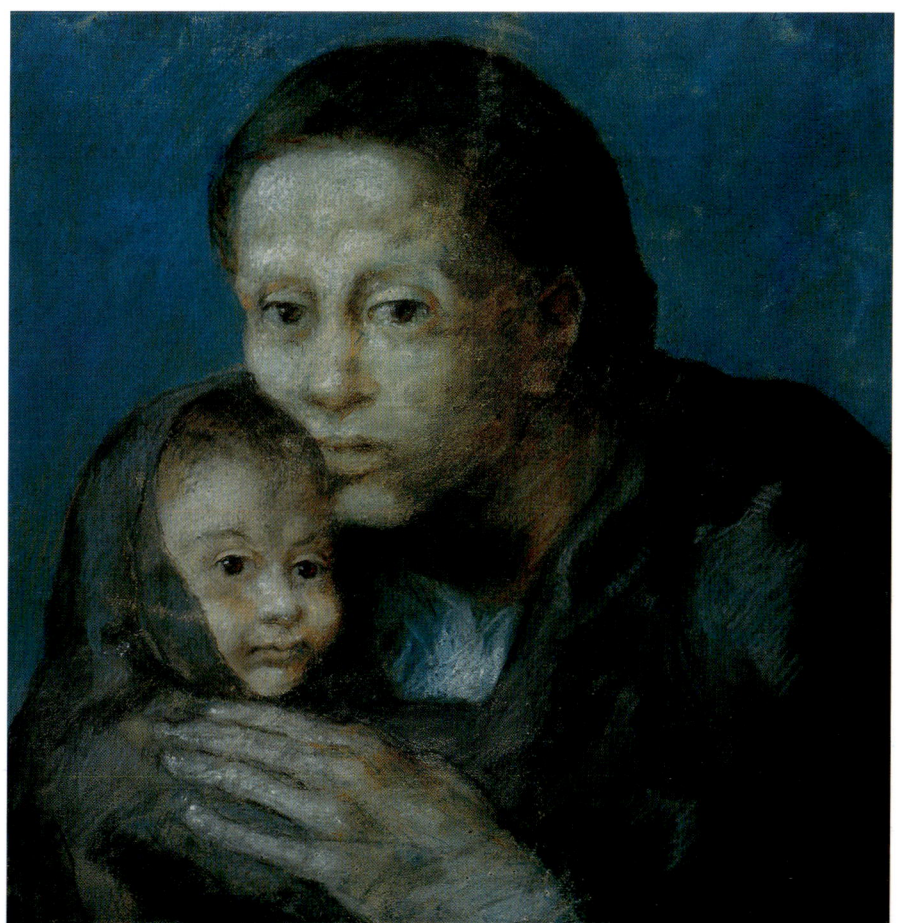

la convergencia entre la ceja y la boca en una parte del rostro, y la divergencia en la otra, con lo que consigue una completa asimetría. En este final de la época azul, la alienación de los personajes es total.

No sabemos si se han refugiado en la locura o si a causa de ella se han visto en tan penosa situación. *El loco,* cuyos miembros son esqueléticos, está de pie, en su gesto hay crispación y sus cabellos están encrespados. Ni come, ni pide caridad. Es el reflejo de lo más marginal.

La época rosa

En abril de 1904, Picasso emprendió su cuarto viaje a París, acompañado por Sebastián Junyer-Vidal. Se instalaron en el famoso Bateau Lavoir, y el lugar de reunión, en esta ocasión, era la taberna del Lapin Agile, en la Rue des Saules.

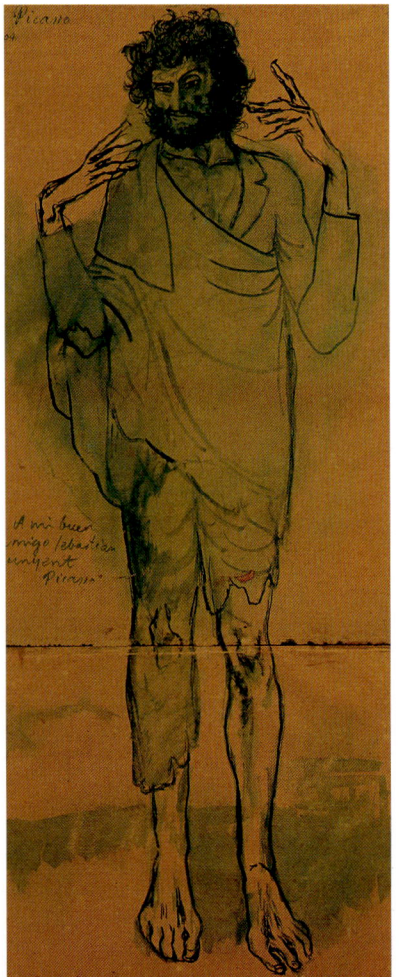

Picasso continuaba manteniendo su relación comercial tanto con Vollard como con Berthe Weill, y ahora amplió su círculo con Clovis Sagot, antiguo payaso del Circo Medrano. Pronto, el taller de Picasso fue frecuentado por sus amigos Manolo, Max Jacob y Paco Durrio, a los que se sumarían Ramón Pichot, Ricardo Canals y Zuloaga. También empezaron a aparecer algunos compradores. Con el cambio de ambiente, de luz, de amigos y de idioma, también aparecieron importantes transformaciones en su paleta y comenzó con el retrato como temática. *La mujer del tocado alto* nos muestra a una modelo diferente a las anteriores, con

■ *El loco*
1904, acuarela sobre papel de embalar, 86 x 36 cm. Barcelona: Museo Picasso

el aspecto de la Marianne que simboliza la República Francesa. *La planchadora* presenta una considerable distorsión y una delgadez que nos habla de penuria.

El encuentro con Fernande Olivier determinaría un cambio importante en la vida y en la obra del pintor. De esta relación tenemos un primer testimonio en *Los amantes,* fechado en agosto de 1904. Fernande, una mujer muy atractiva que estaba casada con Gaston de Labaume, era amante de un artista del Bateau Lavoir. Un día de tormenta se refugió en el portal donde también estaba Picasso, e inmediatamente él intentó besarla. Así se convirtieron en amantes, y casi un año después empezaron a vivir juntos. Era la primera vez que el pintor convivía con una mujer. Y con Fernande en su vida, Picasso entró de golpe en la época rosa.

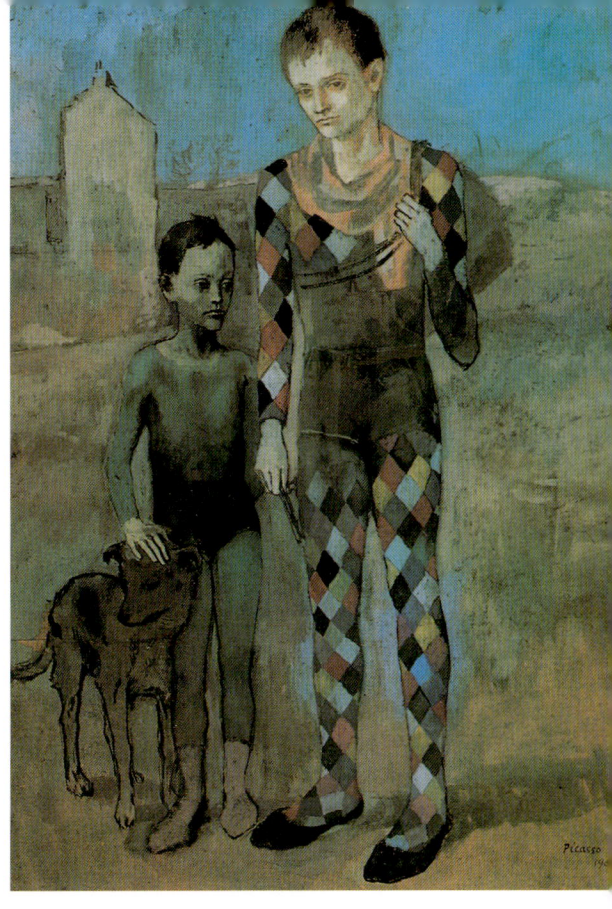

■ *Dos saltimbanquis con su perro*
1905, aguada sobre cartón, 105,5 x 75 cm
Nueva York: Museum of Modern Art

Pero durante ese año la relación no fue constante y cabe suponer que Picasso tendría otros devaneos. Del mismo modo, la época azul, que parece clausurada, también aparece de forma intermitente. Su obra discurre en paralelo a su biografía personal, algo que nunca duda en mostrar, más bien al contrario.

La época rosa se ha datado entre finales de 1904 y abril de 1905. Estos cuatro meses fueron de una intensidad febril, y aparecieron innumerables personajes circenses como *El chico del perro, Acróbata y joven arlequín* y *Dos saltimbanquis con su perro,* obras que expuso en la Gallerie Serrusier y de las que Apollinaire se hizo eco en *La Plume.*

DE HOLANDA A GÓSOL, PASANDO POR PARÍS

Se desconocen las fechas exactas del viaje a Holanda, al que le invitó su amigo Tom Schilperoot, aunque se sabe que tuvo lugar entre junio y julio.

De esta breve escapada hay tres obras sobresalientes: *Desnudo con gorro, Las tres holandesas* —que revela ya un vivo colorido, aunque se mantiene el hieratismo anterior—, y *La bella holandesa,* en la que observamos el auténtico cambio. Sobre el fondo oscuro, la carne femenina destaca con enorme fuerza.

Es todavía una figura pensativa, como los saltimbanquis parisienses; sin embargo, las rotundas formas corporales de la joven están por encima de cuanto su vida interior pueda suscitar. Aquí ya no hay languidez, hay sensualidad en las formas y en el volumen, que ha abandonado la planimetría, y erotismo agudizado por el detalle de la cofia.

Esta concepción del cuerpo humano se vería acentuada en los años venideros y sin ella no sería posible comprender el cubismo.

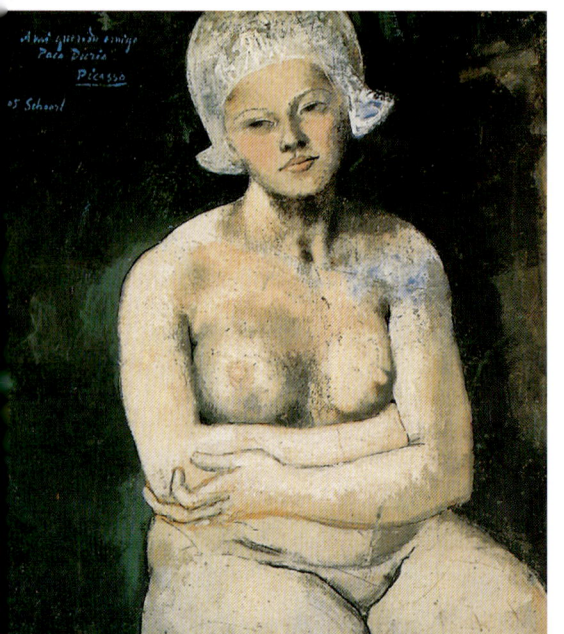

Cuando volvió a París, Picasso pintó el *Retrato de la señora Canals,* donde la mujer, representada con mantilla y una flor malva en el pelo, se nos aparece distante, como una gran dama. Los tonos ocres del fondo son premonitorios del otoño. La obra respira influencia velazqueña.

■ *La bella holandesa*
1905, óleo, aguada y tiza azul sobre cartón y sobre madera, 77 x 66 cm
Brisbane: Queensland Art Gallery

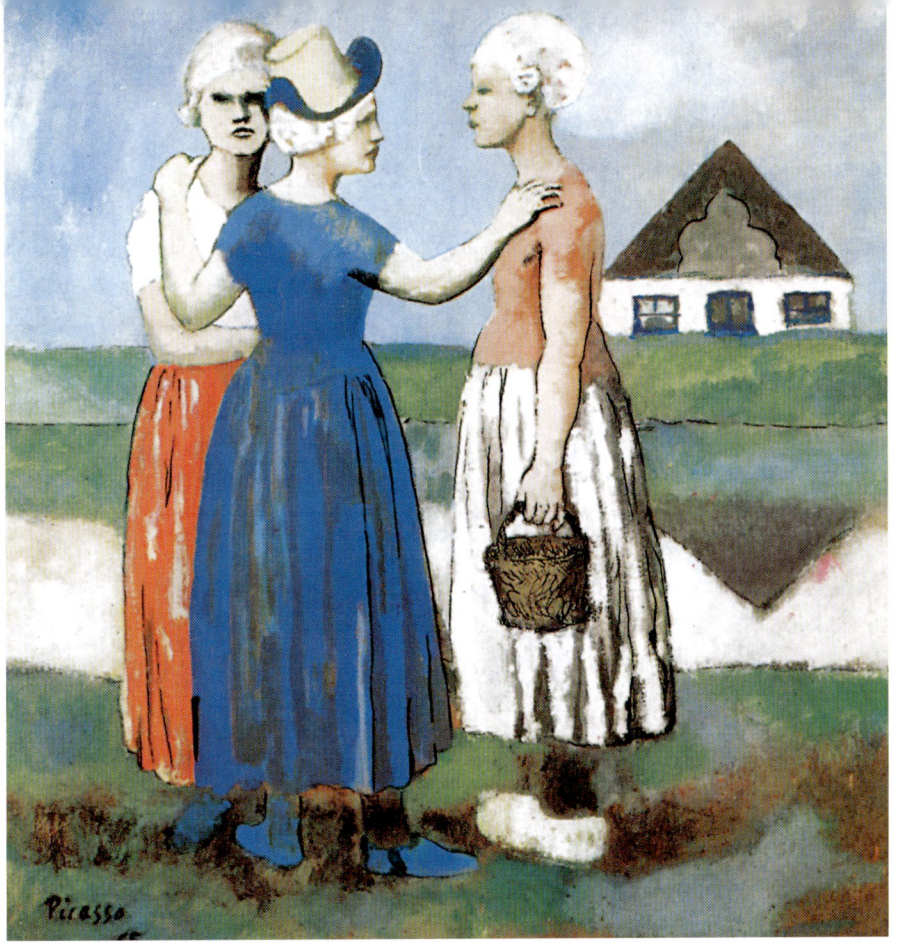

■ *Las tres holandesas*
1905, aguada y tinta china sobre papel y cartón, 77 x 67 cm
París: Centre Georges Pompidou

En 1905, tuvo la oportunidad de ver algunas exposiciones que influirían en su pintura: retrospectivas de Van Gogh y Seurat en el Salón de los Independientes, escultura ibérica en el Louvre y retrospectivas de Manet e Ingres en el Salón de Otoño.

Picasso absorbió la información y todo sería materia prima para sus futuras creaciones y, más adelante, recreaciones, como *El baño turco de Ingres. Mujer con abanico (Mujer con el brazo levantado),* realizada a finales de 1905, presenta una formalidad hierática con claras connotaciones egipcias y un rostro de gran profundidad psicológica en su quietismo. La temática del abanico entronca con el más puro sentimiento de lo español de Velázquez, de Goya y del propio Zuloaga.

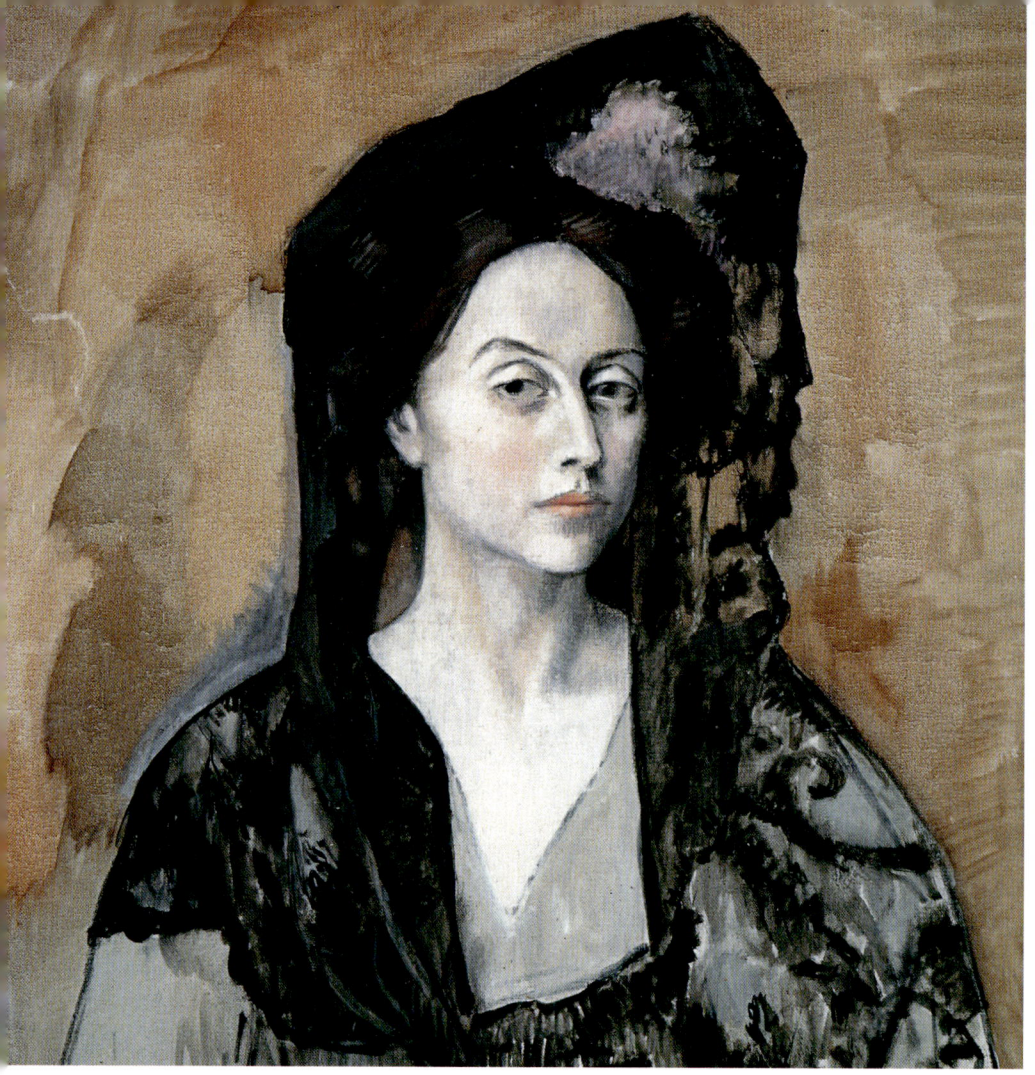

■ *Retrato de la señora Canals*
1905, óleo sobre lienzo, 88 x 68 cm
Barcelona: Museo Picasso

En el perfil de esta mujer desempeña un papel preponderante la concepción de la luz, de la que también participa la mano. Esta luz hace que la faz de esta joven casi se convierta en una máscara. Y Picasso ya no abandonaría la idea de la máscara. Esta última fase ya no es social, ni sentimental, ni trágica, sino estética, puesto que se trata únicamente de la búsqueda de los procedimientos plásticos.

Sabemos que las imágenes actuaron en Picasso como semillas que fecundaban y que darían su fruto en el momento oportuno, tras horas y horas de búsqueda constante en el silencio de su taller. En la primavera de 1906, hay una gran invasión de caballos y caballeros, prolongación del mundo adolescente en el que enfatiza la belleza masculina: *Chico y caballo,* así como *Muchacho desnudo conduciendo un caballo,* son prueba de ello. En la segunda apreciamos un elemento eludido: las bridas del caballo, que nos hablan de su interés por la abstracción o, quizá, por la simplificación de los elementos.

En este tiempo Picasso conoció a una familia de judíos americanos, los Stein, que impresionados por la obra *Muchacha joven desnuda con canasto de flores,* desearon ponerse en contacto con el pintor. En su estudio compraron un lote de obras por el precio conjunto de ochocientos francos. Era la primera venta importante, y este hecho marcaría un giro económico, del que pronto conoceremos las consecuencias.

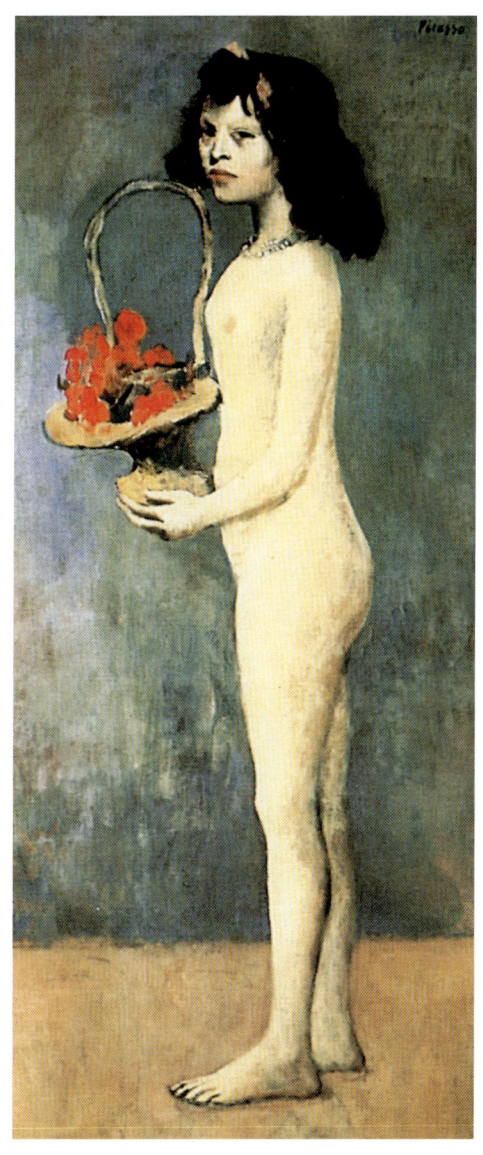

■ **Muchacha joven desnuda con canasto de flores**
1905, óleo sobre lienzo, 155 x 66 cm
Nueva York: Colección particular

LAS SEÑORITAS DE AVIGNON

Del período que precede a *Las señoritas de Avignon*, hay una serie de cuadernos fundamentales para seguir la evolución y las preocupaciones estéticas de Picasso durante los meses de gestación de la obra.

Los apuntes, bocetos, notas, croquis, proyectos y composiciones pasan de los dos centenares, lo que nos prueba con qué minuciosidad preparó el cuadro.

El paso del arcaísmo primitivo de Gósol a la «disimetría bárbara» (citando a Pierre Daix) es visible. Se acentúa la influencia ibérica, que se traduce en desproporciones excesivas: alargamiento del mentón y de la parte inferior del rostro, ojos sombreados, orejas desmesuradamente grandes y mirada vacía. Picasso realizó sus investigaciones sobre la expresividad del volumen en dos sentidos. Por un lado, por medio de figuras planas cuyo modelo es seguido por desviaciones del contorno y desniveles —es el caso de las *señoritas* del centro—; por el otro, por medio de figuras coloreadas con estrías o rayas, cuyo modelo es plasmado mediante rupturas del cromatismo —es el caso de las de la parte derecha del cuadro—.

De este modo, Picasso pasa brutalmente de los cuerpos redondeados a una geometrización angulosa. Durante los meses de gestación de esta obra singular,

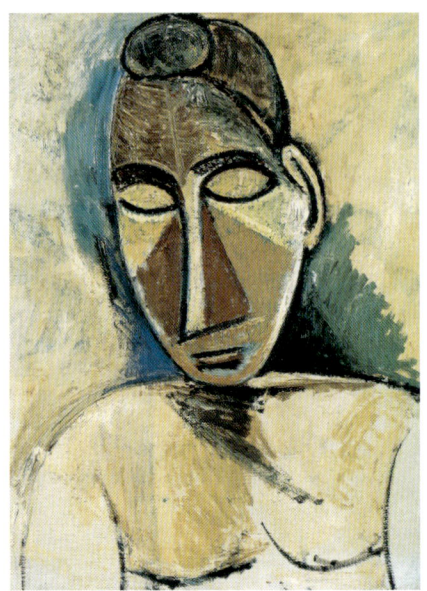

■ *Busto de mujer. Estudio para «Las señoritas de Avignon»*
1906-1907, óleo sobre lienzo, 58,5 x 46 cm
París: Musée Picasso

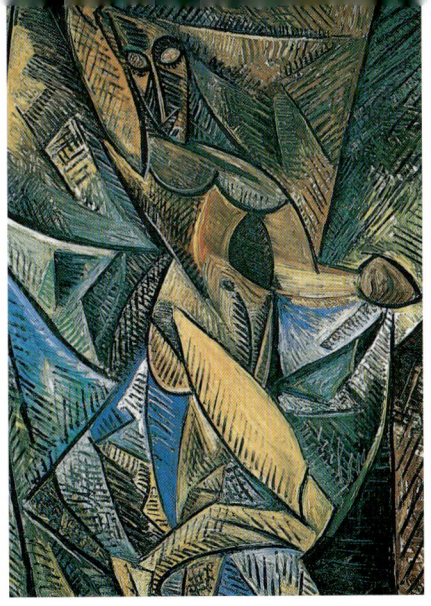

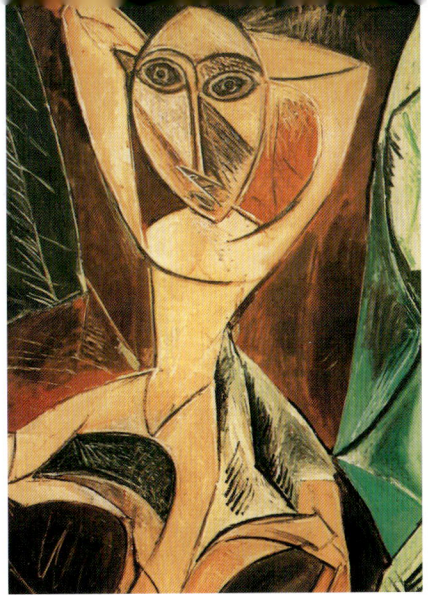

■ *La danza de los velos*
1907, óleo sobre lienzo, 152 x 101 cm
San Petersburgo: Museo del Ermitage

■ *Desnudo*
1907, óleo sobre lienzo, 150,3 x 100,3 cm
San Petersburgo: Museo del Ermitage

las figuras arcaizantes de la etapa anterior pueden volver a tomar formas todavía más elementales, como si Picasso estuviera inventando un vocabulario virgen para crear nuevos ídolos de una religión aún por codificar. Estos se plasmarían en la convulsión pictórica de *Las señoritas de Avignon,* esa especie de quinteto de furias que se encaran frontalmente con el espectador como para atraerlo a su tumultuoso teatro de la sexualidad.

La obra fue terminada en julio de 1907 y sería descrita por vez primera vez en 1912, pero no se expondría hasta 1916, en el Salón d'Antin. Su título se hizo público en 1920. Picasso guardó este gran cuadro y solo sería conocido por un reducido número de personas muy allegadas al pintor, Matisse entre ellas.

Cuando la veían, comentaban el extraño carácter del lienzo, de sus protagonistas y de su ambiente, y todavía hoy se sigue discutiendo sobre la interpretación del título. El propio André Salmon definiría el lienzo como un cuadro que cumple las funciones de un cráter siempre incandescente del que surge el fuego del arte actual.

Picasso representó a cinco mujeres en el interior de un salón, con un pequeño bodegón en la parte delantera inferior y diversos cortinajes que se cierran detrás y a ambos lados. Las mujeres están desnudas y adoptan diversas posiciones, destacando una que, en cuclillas, está a la derecha y mira hacia nosotros con la cabeza vuelta, en una postura anatómicamente imposible, mostrando una fisonomía propia de una máscara africana. Estas mujeres son agresivas y terribles, no tanto por los gestos que puedan hacer o por su presunto carácter simbólico, sino por la índole hipnótica y fatal de su presencia. Tres de ellas nos miran con ojos almendrados, propios de la escultura ibérica, otra es una máscara primitiva que otorga al lienzo una inquietante sugerencia; también es una máscara la que entra por el fondo, a la derecha, y contundente en su iberismo la que entra por la izquierda corriendo (¿o descorriendo?) la cortina con su gran mano. La disposición de las cortinas hace pensar en un teatro, en lo que de exhibición teatral puede tener una escena, pero no es una acción que contemplamos con gusto o con tranquilidad.

El tratamiento del espacio, un interior, y el desdoblamiento de las figuras, tan agresivo en la que está en cuclillas, son fuente de inquietud y desasosiego. Picasso se aleja de la visión placentera del erotismo que era propia de Matisse o de la visión intelectual de Klimt y se centra en una agresividad elemental y simple.

De las cinco figuras que integran el cuadro, las del medio parecen las más fácilmente explicables, y si la de la izquierda puede vincularse a alguna de las figuras prenegroides de 1906, son las de la derecha, de concepción y colorido mucho más extremados, las que han hecho suponer a algunos

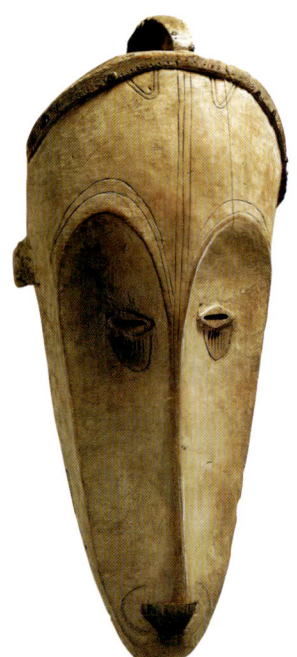

historiadores que podían haber estado influidas por el arte negro. Sin embargo, en este arte las máscaras son estáticas, y la innovación aquí es esta concepción dinámica del rostro. Picasso se planteó el problema de la plasmación del movimiento en pintura y lo solucionó: la figura de la derecha está «entrando», y la que se halla en cuclillas, se está «volviendo» hacia nosotros.

Picasso utilizó las máscaras para sustituir la faz de dos de estas mujeres, creando lo que

■ *Máscara*
Arte fang, procedente de Gabón
Madera pintada al caolín, 70 cm de altura
París: Antigua colección del Musée de l'Homme

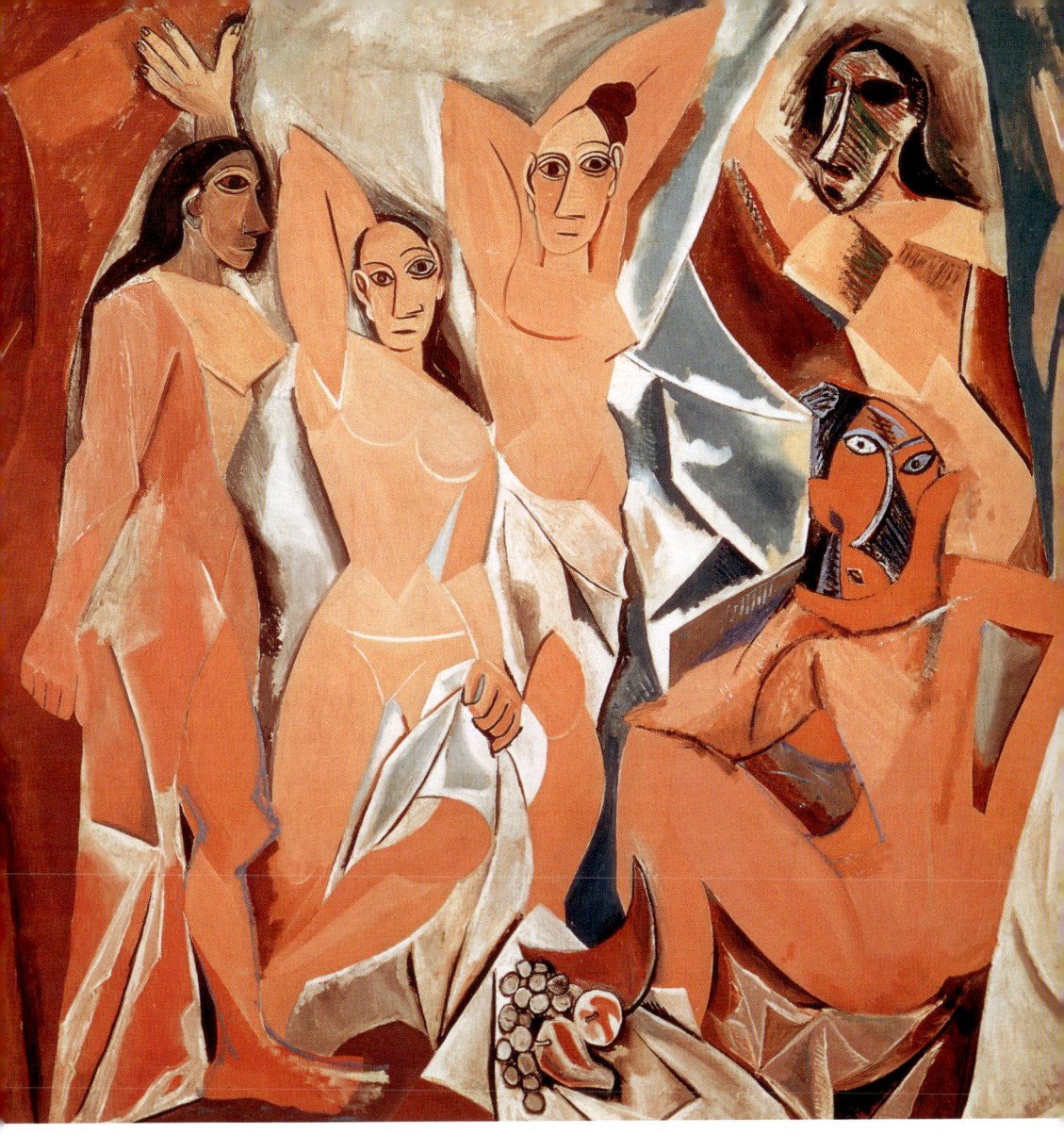

■ *Las señoritas de Avignon*
1907, óleo sobre lienzo, 243,9 x 233,7 cm
Nueva York: Museum of Modern Art

se ha dado en calificar *las cabezas autónomas*. Sin embargo, no revisten carácter ritual o religioso, como cabría imaginar si consideramos que proceden de las culturas africanas. Picasso convirtió la máscara en un objeto estético, con lo que desaparecía por completo el tabú totémico que le es consustancial.

HACIA EL CUBISMO

Un hecho trascendental para la carrera de Picasso es la aparición en su vida de un personaje decisivo, el marchante y promotor Kahnweiler, alemán instalado en París desde 1907 que poseía una pequeña galería en el 28 de la Rue Vignon.

En esos años, Picasso alcanzó un reconocimiento que, si bien no podía competir con el de Matisse, empezaba a ser lo suficientemente importante. No se trataba del gran público, sino de unos buenos aficionados que le apoyaban con sus compras y su opinión. Como ya sabemos, los primeros en adquirir sus obras habían sido Leo y Gertrude Stein.

En 1914, otro gran aficionado, Serguéi Shchukin, poseía la mayor colección de obras de Picasso del mundo: 51 cuadros. La colección, nacionalizada, ingresó en los fondos del Museo del Ermitage de San Petersburgo y del Museo de Bellas Artes Pushkin de Moscú. También otro ruso, Iván Morozov, coleccionista de pintura moderna, adquiriría algunas de sus obras más importantes, entre ellas el *Retrato de Ambroise Vollard*.

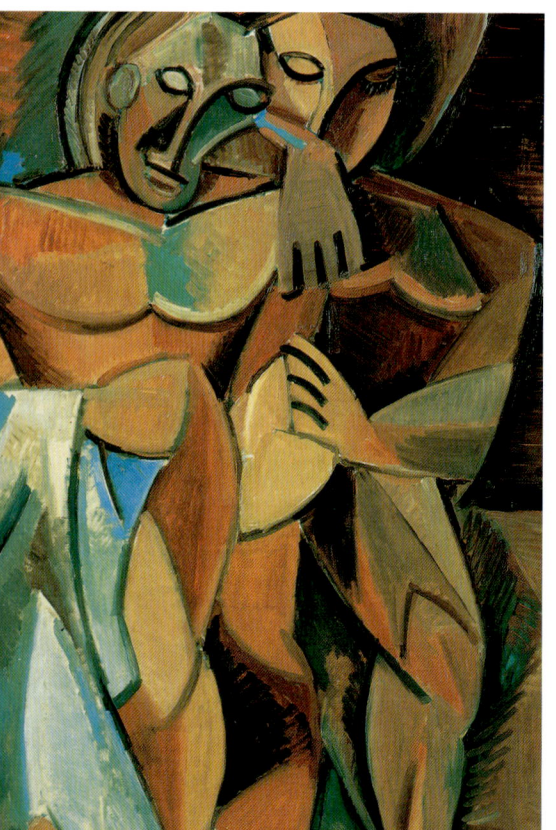

La mujer agresiva y con un cierto grado de ferocidad seguiría protagonizando las obras de Picasso en el que algunos historiadores han calificado como periodo negro. *Desnudo en pie* anuncia un camino

■ *La amistad*
1908, óleo sobre lienzo, 152 x 101 cm
San Petersburgo: Museo del Ermitage

que se desarrollaría en *Tres mujeres* y *La dríada,* y en el que se reconoce la huella de Cézanne, que se haría más evidente en los bodegones de este mismo año y en *Cinco mujeres (Bañistas en el bosque).* Según acabamos de mencionar, *Tres mujeres* parte, pues, de la influencia cezanniana, como muestran los bocetos iniciales, que se inspiran claramente en sus bañistas. Sin embargo, Picasso pronto hizo que desaparecieran las características fundamentales de Cézanne: la importancia de la naturaleza, la distancia con respecto a la escena, la armonía y autonomía de los cuerpos... Picasso redujo el número de bañistas, las acercó al primer plano, eliminó la naturaleza, aplanó la escena e introdujo cierta ambigüedad en los cuerpos de los personajes, que ante el espectador que contempla la obra nadan en la indefinición sexual.

■ ***Tres mujeres***
1907-1908, óleo sobre lienzo, 200 x 178 cm
San Petersburgo: Museo del Ermitage

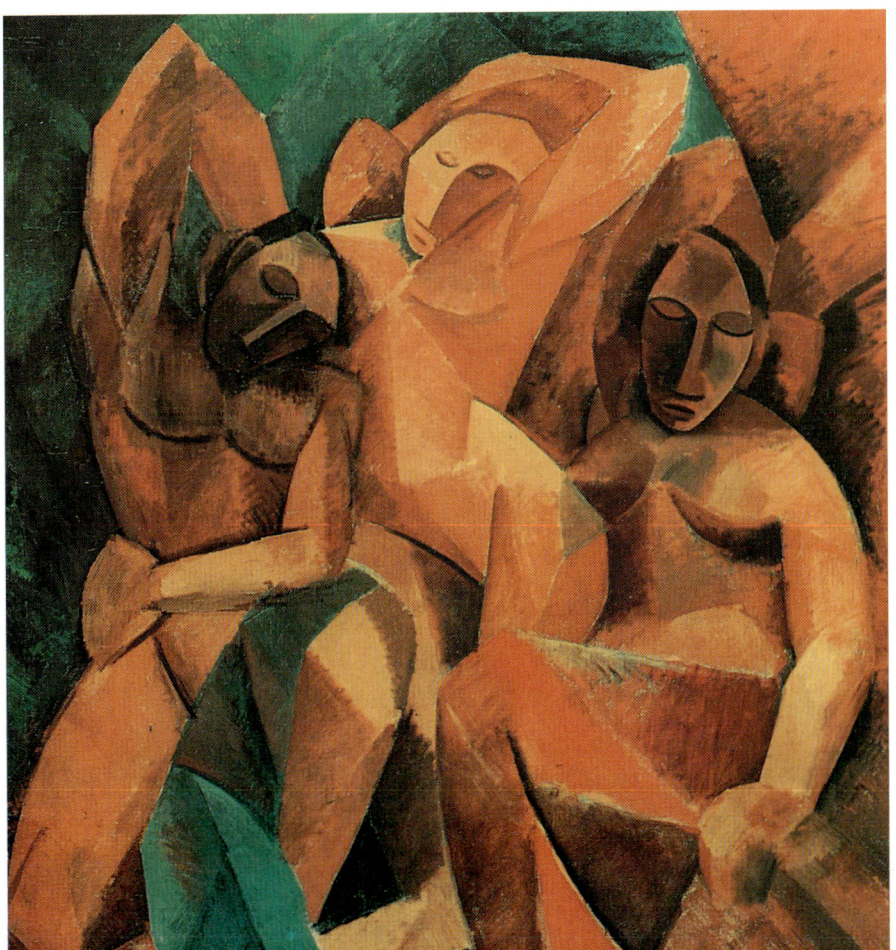

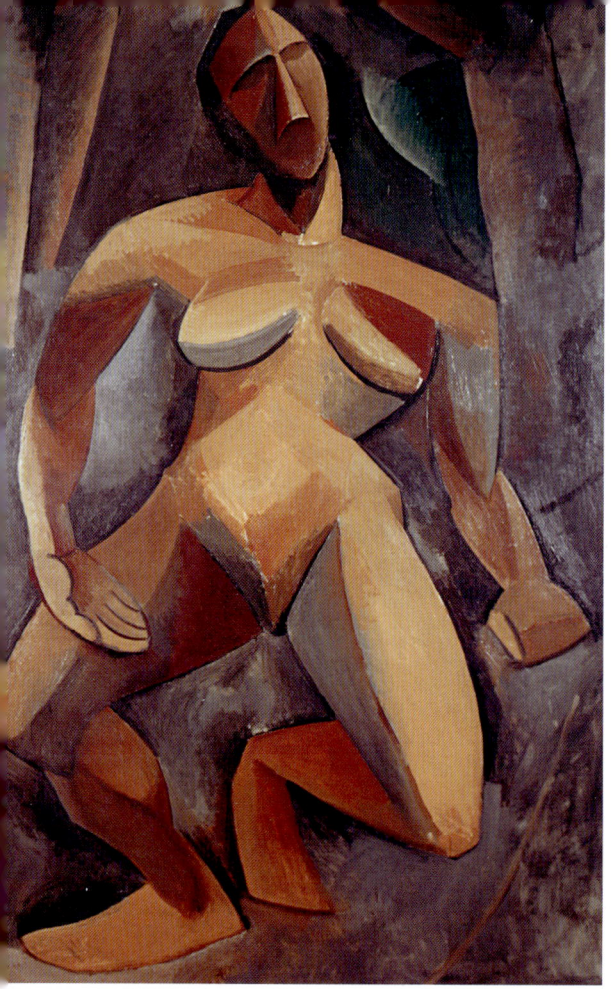

Entre las ya citadas, *La dríada (Desnudo en el bosque)* presenta a una de estas ninfas de la mitología que habitan en el bosque, confundidas con los árboles, y atacan a los hombres que se aventuran por esos caminos.

Se trata de una obra maestra que pone de manifiesto cambios importantes. Los miembros de *La dríada* se componen como los de un mecano, los planos cromáticos, bien definidos, organizan las superficies, y sus encuentros, en ángulo, producen una intensa y geométrica sensación de volumen y solidez. Aquí también encontramos muchos rasgos pertenecientes al arte africano. Picasso construyó, en toda la literalidad de la palabra, una figura en la que los escorzos se aplanan y los volúmenes se convierten en aquello que articula los planos segmentados.

Esta ninfa del bosque alcanza el carácter agresivo precisamente a partir de los rasgos plásticos, del modo en que se construye la imagen. Hay reminiscencias de Cézanne en la construcción de los planos de luz y de sombra que utiliza para representar los volúmenes y el espacio que componen el cuerpo como si de una pieza arquitectónica se tratase.

Picasso definió el cubismo como «un medio para decir las cosas del modo que me parece más natural». El rechazo de lo clásico en favor de una mayor fuerza expresiva formal coincide con la renuncia a utilizar la perspectiva tridimensional clásica: el espacio (las dos dimensiones) está constituido por la intersección de los planos.

Picasso siguió reflexionando y ampliando las experiencias acumuladas durante el verano de 1908, en el que, junto a Fernande, recaló en un pueblecito situado 60 kilómetros al norte de París: La Rue-des-Bois. Allí siguió desarrollando el artista un esquema compositivo severo, deliberadamente simplificado, acompañado de una construcción geométrica rigurosa.

En octubre, Apollinaire llevó a Braque al Bateau Lavoir, y la contemplación del *Desnudo con paños,* que Picasso acababa de finalizar, le inspiraría *El gran desnudo.* Pronto uniría una gran amistad a Picasso y Braque y juntos trabajarían intensamente en la búsqueda de soluciones compositivas nuevas, iniciándose así una de las más fructíferas colaboraciones de toda la historia de la pintura. Picasso y Braque unieron sus esfuerzos en pro de la investigación cubista, vinculación que duraría hasta 1914.

El 9 de noviembre, Braque inauguró una exposición en la Galería Kahnweiler en la que mostró los paisajes realizados durante el verano en L'Estaque y una serie de naturalezas muertas. Apollinaire presentó el catálogo. El crítico Louis Vauxcelles, al comentar la exposición en la revista *Gil Blas*, del 14 de mayo, reprobaba al artista que todo lo redujera a «pequeños cubos». Al año siguiente, este mismo crítico emplearía el término *cubismo*.

■ *La fábrica de Horta de Ebro*
1909, óleo sobre lienzo, 53 x 60 cm
San Petersburgo: Museo del Ermitage

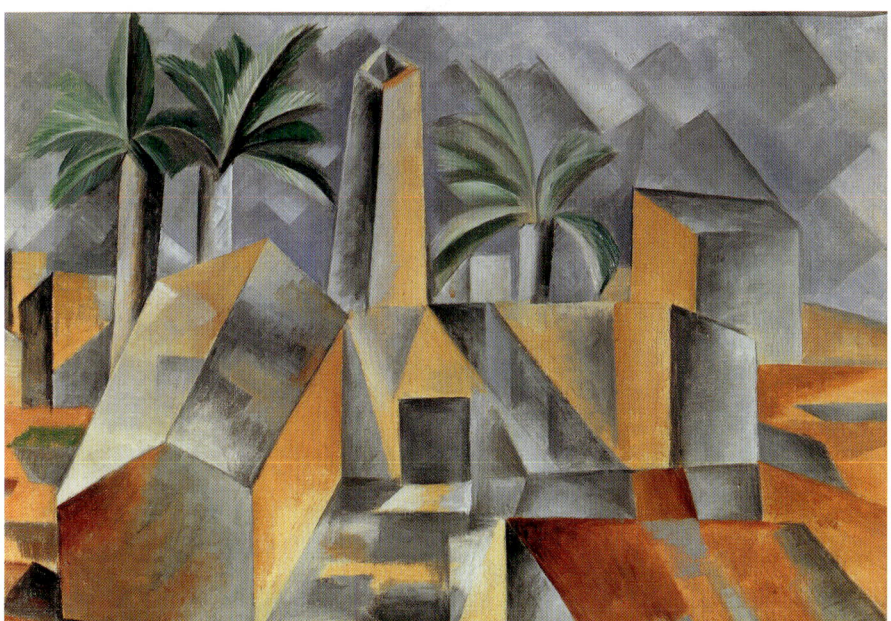

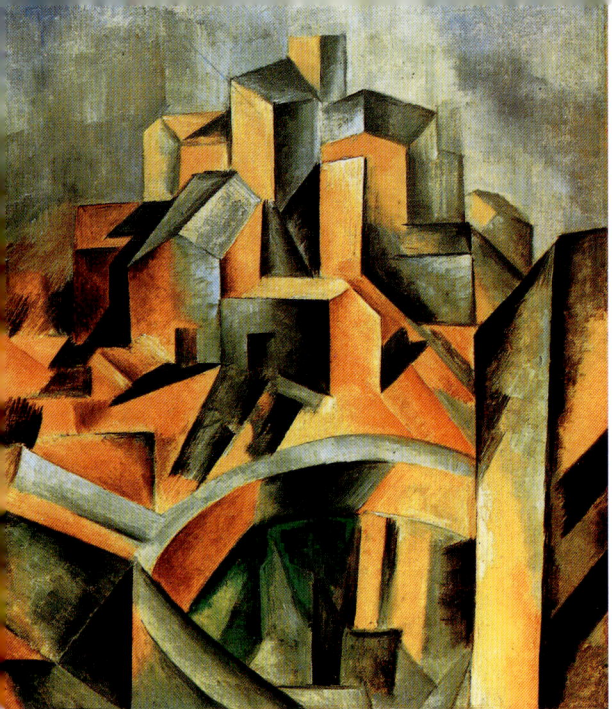

El depósito de agua de Horta de Ebro
1909, óleo sobre lienzo, 60,3 x 50,1 cm
Colección particular

Durante el invierno de 1908, y hasta la siguiente primavera, la producción del pintor en París se reveló, una vez más, escuetamente cezanniana y más pictóricamente pura. Se abría así un nuevo periodo, en el que el estudio del maestro de Aix-en-Provence le conduciría hacia interesantes y novedosas propuestas.

La mirada en Cézanne

En el verano de 1909, Picasso regresó a Cataluña con Fernande y pasó sus vacaciones en casa de Manuel Pallarés, en Horta de Ebro (que pasaría más tarde a llamarse Horta de San Juan). Ese verano fue fundamental para el nacimiento del cubismo. Después de este viaje, Picasso diría que en Horta había aprendido todas las cosas útiles que luego sabría hacer en su vida. Allí Picasso realizó una serie de paisajes construidos a base de bloques encuadrados y simplificadas formas geométricas ensambladas. Ocre, gris y verde tenue fueron los únicos matices admitidos por una pintura que tendía, cada vez más, a utilizar el color solamente para acentuar la capacidad de la forma. Surgió así el llamado «cubismo analítico»: la fase que buscaba fraccionar la forma en sus elementos esenciales y, por consiguiente, analizarla, descomponiendo geométricamente los planos. El abandono de la perspectiva tradicional era ya total.

En *El depósito de agua de Horta de Ebro,* o en *La fábrica de Horta de Ebro,* Picasso estableció una estructura compositiva unitaria para toda la imagen y resolvió los planos iluminados y sombreados por facetas. El resultado fue un paisaje, aunque desde el punto de vista figurativo tradicional sea una construcción monumental.

EL CUBISMO PLENO

Cuando regresó de su viaje a Horta de Ebro, Picasso se trasladó a vivir al bulevar de Clichy, y a finales de año comenzó a pintar el *Retrato de Ambroise Vollard*.

El cubismo analítico

Aplicó el cubismo analítico a otros retratos, como el *Retrato de Wilhelm Uhde,* en el que, al igual que en el anterior, podemos observar que la fragmentación de los planos no destruye el parecido.

Durante aquel verano, viajó con Fernande a Barcelona y a la casa de su amigo Ramón Pichot en Cadaqués. En julio se unieron a ellos Dérain y su mujer. Ya en septiembre, regresó a París y pintó el *Retrato de Henry Kahnweiler,* mucho más abstracto que los anteriores. En estas obras, como ya sabemos, las formas aparecen fraccionadas, como astillas, la superficie del lienzo está constituida por diminutos planos intersecantes, semejantes a una tupida tela de araña. Picasso se esforzaba cada vez más por resolver el problema de la dinámica espacial sobre la superficie plana del lienzo. El procedimiento que consiste en la destrucción del aspecto

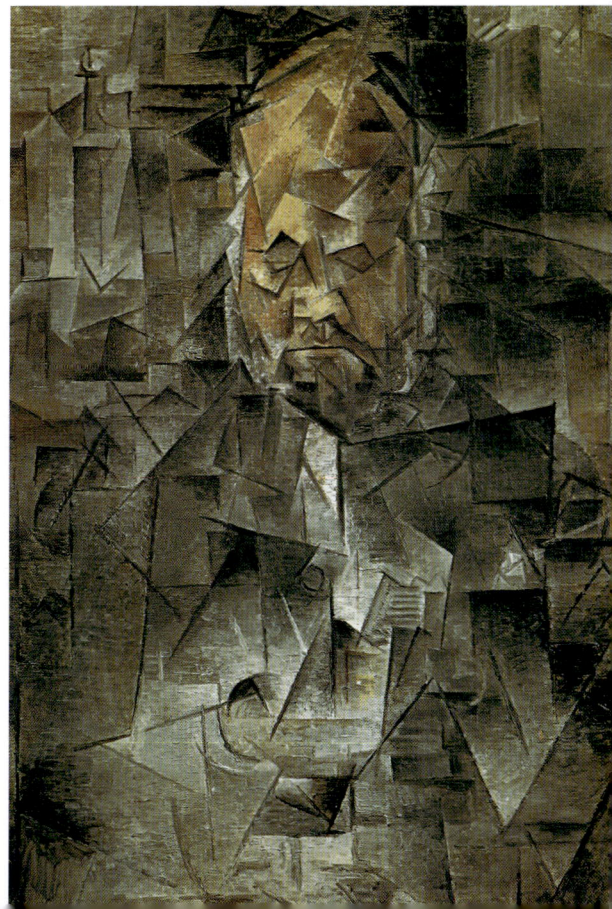

■ *Retrato de Ambroise Vollard*
1909-1910, óleo sobre lienzo, 92 x 65 cm
Moscú: Museo Pushkin

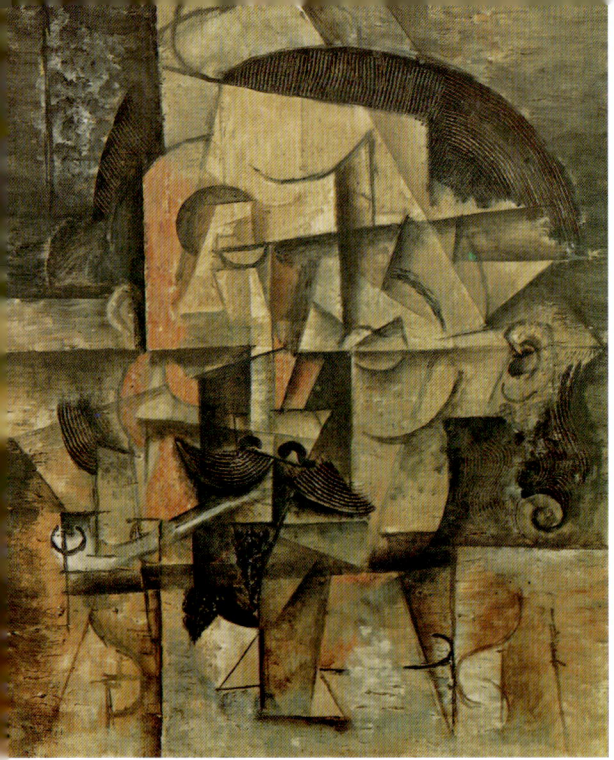

■ *El poeta*
1912, óleo sobre lienzo, 60 x 48 cm
Basilea: Kuntsmuseum

externo de la figura humana o de los objetos condujo a creaciones de difícil lectura, casi herméticas, entroncadas con la abstracción. El resultado que obtuvo con los retratos se pone de manifiesto en cuadros profundamente llamativos, como en las dos versiones de *Mujer desnuda,* en las que convierte el cuerpo humano en una construcción monumental.

La actividad del artista era enorme, y se sucedieron pinturas semejantes y diferentes, en un continuo proceso de experimentación.

El panorama artístico de Picasso se iba haciendo cada vez mayor, en parte también gracias a que Kahnweiler comenzó el envío sistemático de obras de sus artistas a diferentes galerías europeas, lo que hizo que aumentase su prestigio.

En abril se inauguró el Salón de los Independientes con una gran presencia cubista, pero ni Picasso ni Braque fueron invitados. A principios de julio, el artista viajó solo a Céret, invitado por Huguet. Se instaló en casa de Delclos. Al mes siguiente llegaron Fernande, Braque y también Max Jacob. Era un momento de estrecha colaboración entre Picasso y Braque, que empezaban a introducir en las obras elementos correspondientes a la realidad externa. Por el momento, la fórmula parecía consistir en la inclusión de detalles naturalistas, signos tipográficos, números, letras del alfabeto y, a menudo, fragmentos de títulos de periódico, como por ejemplo en *L'Indépendent,* en el que al tema de la mesa del café abarrotada de objetos se une ahora la inclusión de letras para hacer más inteligible la obra.

El Salón de Otoño dedicaría una sala a este movimiento, pero tampoco en esta ocasión fueron invitados ninguno de los dos. Ese mismo otoño,

Picasso inició su relación sentimental con Eve Gonel (Marcelle Hubert), la compañera del pintor polaco Louis Markous, más conocido como Marcoussis; los presentó Apollinaire en casa de los Stein. Picasso la llamaba *Ma jolie,* haciéndose eco de una canción de moda. Realizó el primer retrato de Eve en *Mujer con guitarra. Ma jolie.* También pintó *Hombre con mandolina,* una de las nueve composiciones monumentales de la serie.

En enero de 1912, participó en la exposición Valet de Carreau en Moscú; en febrero, en la segunda exposición de Der Blaue Reiter en Múnich; y en primavera, en la Sezession de Berlín. En mayo, viajó con Eve a Céret; en junio, se instalaron en Sorgues, en la Ville des Clochettes, al norte de Aviñón, y, al mes siguiente, se les unieron Braque y su mujer. A comienzos de septiembre, Picasso fue a París para trasladar su taller

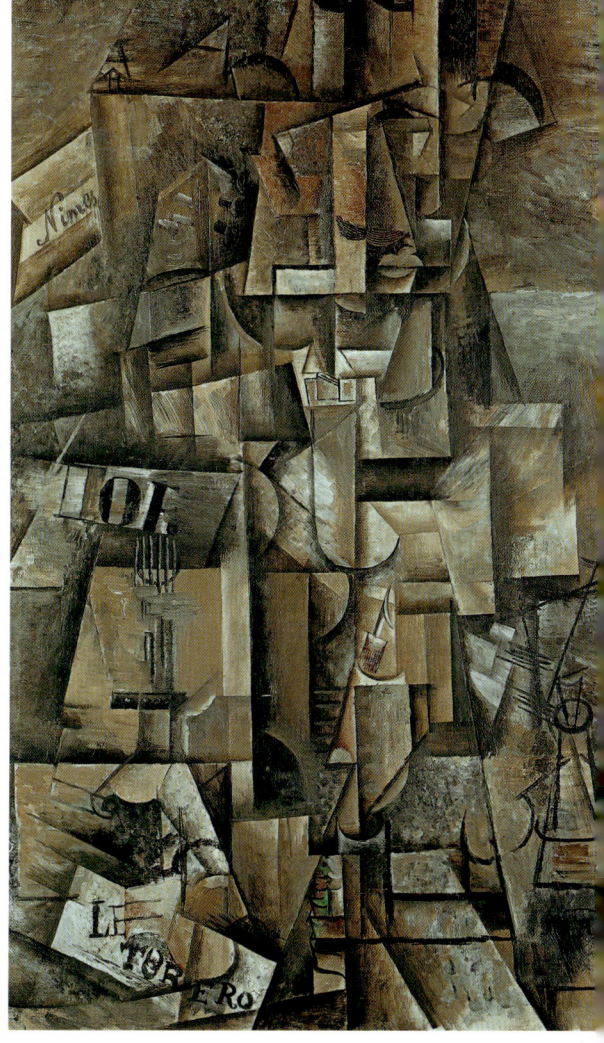

▪ *El aficionado*
1912, óleo sobre lienzo, 135 x 82 cm
Basilea: Kunstmuseum

del Bateau Lavoir al bulevar Raspail, donde el marchante Kahnweiler le había conseguido un nuevo local. En su ausencia, Braque realizó el primer *papier collé.*

Durante los últimos días de su estancia en Sorgues, pintó una serie de cuadros con figuras que culmina en *El aficionado.* En octubre, tuvo lugar la exposición de la Section d'Or de la galería La Boétie, que reunió más de dos centenares de pinturas cubistas de los tres años anteriores y en la que, como era habitual, ni Picasso ni Braque participaron. En diciembre, firmó un contrato en el que se comprometía en exclusiva con Kahnweiler; sin

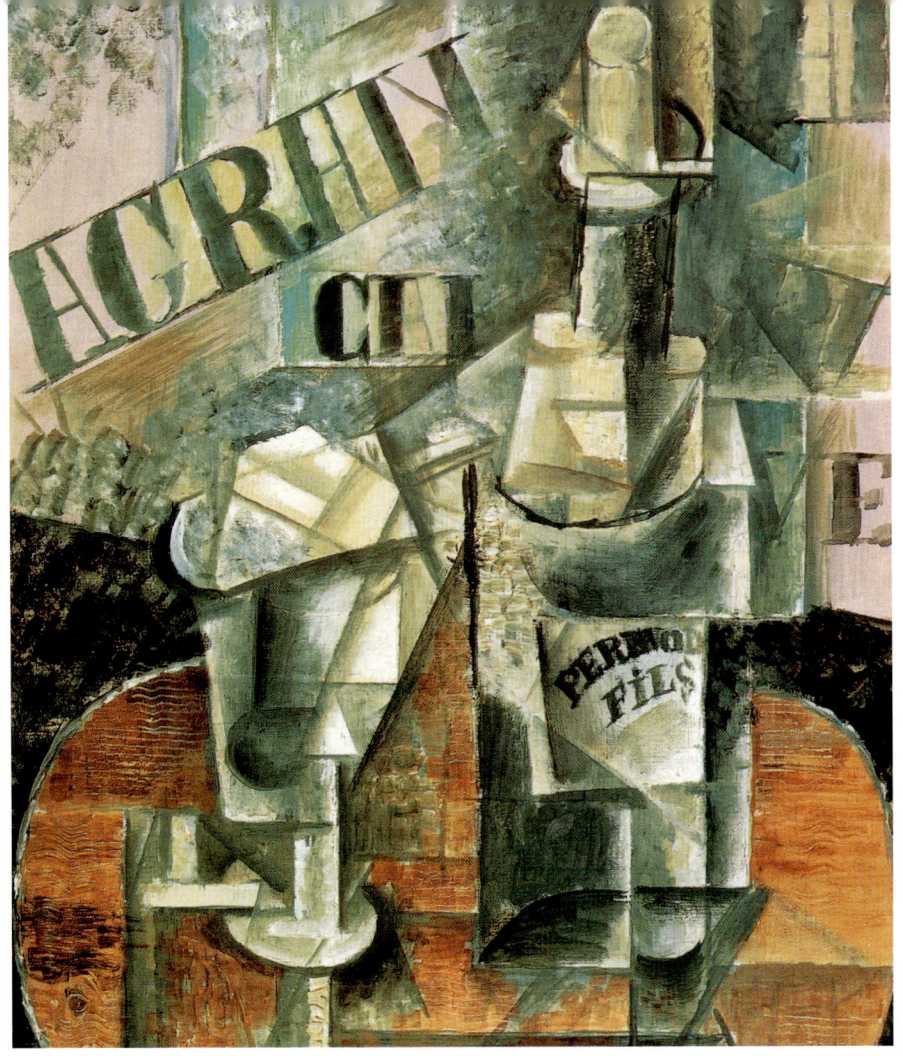

■ **Botella de Pernod y copas**
1912, óleo sobre lienzo, 45,5 x 32,5 cm
San Petersburgo: Museo del Ermitage

embargo, la relación resultaría interrumpida en 1914, cuando el marchante, ciudadano alemán, se vio obligado a abandonar Francia.

El cubismo sintético

Ese último año, Picasso realizó su primer *collage,* con lo que entra de pleno en el cubismo sintético: *Naturaleza muerta con silla de rejilla,* ambientada en un café y construida con un limón, un vaso, una ostra, un periódico y una pipa. Sobre el lienzo, colocó un pedazo de hule en el que previamente había grabado el dibujo del mimbre a imitación de la silla de rejilla. En ese momento ya no trataba de imitar la realidad externa, sino de incorporarla directamente a la obra de arte. Otro aspecto revolucionario es la gruesa cuerda de cáñamo que sirve de improvisado marco a la composición.

El *collage* cubista, sobre todo en sus inicios, estaba casi siempre constituido por un *papier collé* que, en general, era reaprovechado; si contenía palabras impresas (una tarjeta de visita, un paquete de tabaco), adquiría el carácter de una metáfora o de un ideograma próximo a lo que sería la poesía visual. La primera consecuencia que observamos es la revalorización del color, que se convierte en una entidad pictórica independiente, aunque contribuye a la construcción tanto espacial como formal de la obra. El hermetismo de la etapa anterior, con toda la dificultad que entraña, ahora queda relevado, ahora permite una lectura más fácil.

Entre 1912 y 1913 coexistieron las diferentes corrientes de cubismo, y tanto Picasso como Braque realizaron algunas construcciones con materiales humildes e insólitos: latas, alambre, cartón... Así se concretaba

■ **Naturaleza muerta con silla de rejilla**
1912, óleo y collage sobre lienzo, 29 x 37 cm
París: Musée Picasso

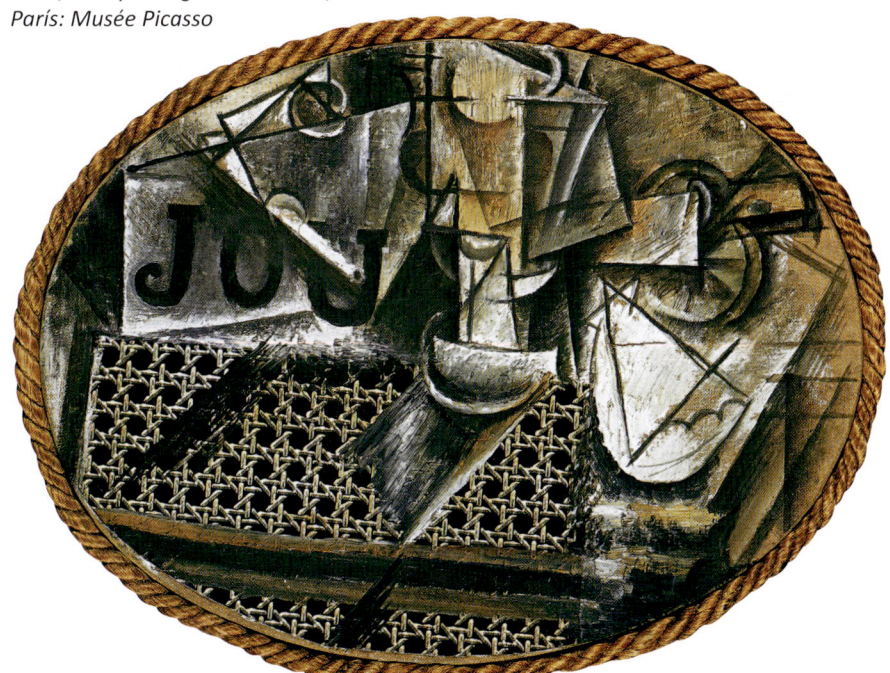

una nueva realidad, la del *tableau objet*. La introducción de un material ajeno a lo pictórico que tiene naturaleza de objeto planteó problemas nuevos y aumentó la complejidad de la imagen gracias al ensamblaje de objetos heterogéneos.

Ensamblaje no se refiere en este caso a una forma de articular la superficie cromática, ya vista en *Las señoritas de Avignon,* sino que en este caso consiste en la articulación de objetos de naturaleza diferente y que, sin embargo, están unidos en el plano pictórico.

■ **Guitarra J'aime Eve**
1912, óleo sobre lienzo, 35 x 27cm
París: Musée Picasso

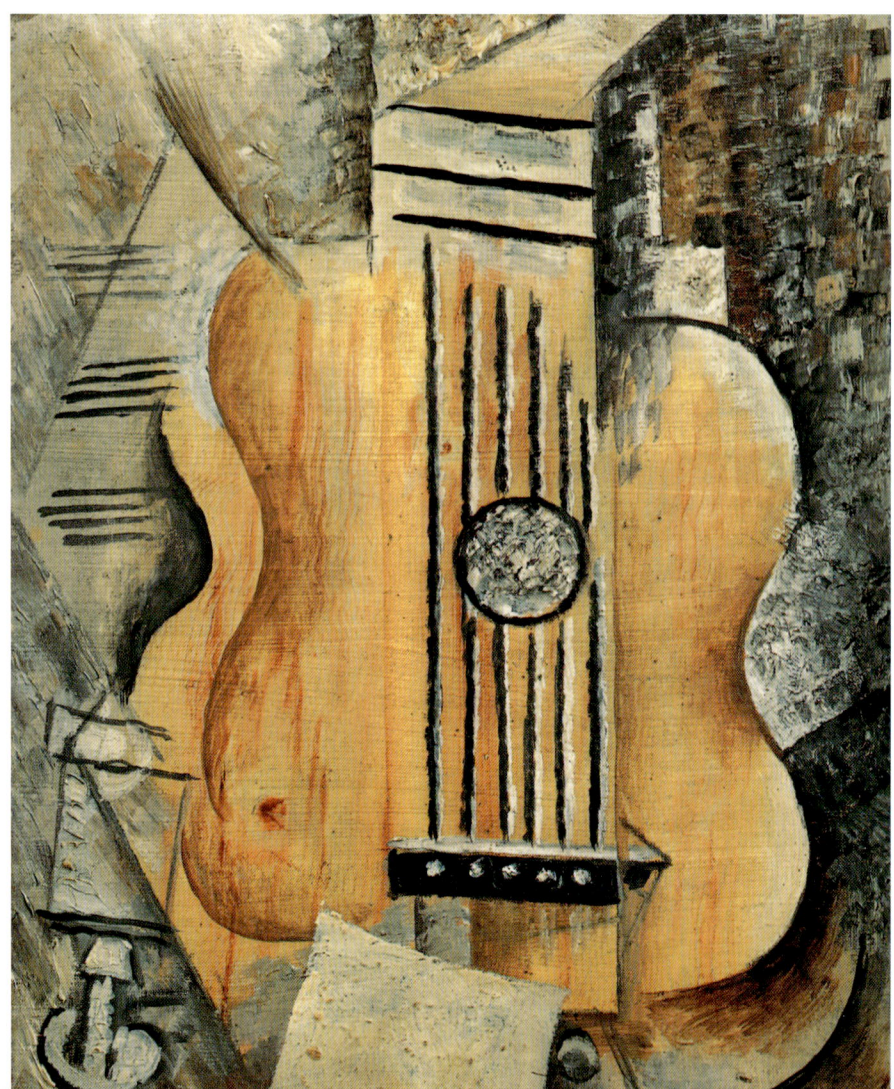

Los *papiers collés* se convirtieron en los verdaderos protagonistas de la organización. Con ellos podían crearse objetos, espacios y formas pictóricas, una triple función que permitía alcanzar la imagen unitaria por caminos diversos jamás recorridos con anterioridad.

Partitura musical y guitarra, Violín y frutero y, de una forma más radical, *Guitarra* y *Hombre con pipa* son algunas de las obras de esta trayectoria en la que los objetos y las formas sustituyen en su función al esquema compositivo. La maestría de Picasso para mantener el equilibrio entre los diversos materiales y formas, para construir con la mayor sencillez figuras de carácter monumental, pero también a modo de parodia y sabiamente irónicas, es muy superior a la de los restantes artistas parisinos. Solo Braque y Gris iban a ser capaces de crear obras equivalentes.

Entre febrero y marzo de 1913 tuvo lugar en Nueva York la Armory Show, la famosa exposición que en esta ocasión reunió más de cuatrocientas obras modernas, desde Ingres a los cubistas. Algo después, Apollinaire publicaría el célebre ensayo *Les peintres cubistes: Méditations esthétiques*. A mediados de marzo Picasso regresó a Céret con Eve, Braque, Gris y Max Jacob, y el 3 de mayo viajó a Barcelona para asistir al entierro de su padre. En agosto se trasladó al número 5 de la Rue Schoelder de París, y en otoño trabajó en la inclusión de materiales diversos con el fin de dar a sus obras una calidad táctil desconocida hasta el momento, incrementando con ello el efecto cromático, que se convirtió en más brillante y decorativo. De ahí que Picasso comenzase a mezclar el óleo con materiales como el yeso, la arena, el serrín, etc. Así surgieron obras como la titulada *Mujer con camisa,* sentada en una butaca, en donde la mujer aparece vista simultáneamente de frente y de lado; los brazos y franjas dc la butaca, el borde de la camisa y los cabellos están logrados con un verismo que logra un efecto surrealista, sobre todo por su inserción dentro del fraccionado de la imagen.

En 1914 comenzó una nueva serie de *papiers collés.* En junio viajó con Eve a Aviñón y se instalaron en el número 14 de la Rue Saint-Bernard, donde pintó bodegones en vivos colores, con gran sentido del humor y lirismo. En agosto, Apollinaire, Braque y Dérain fueron movilizados. Kahnweiler viajó a Italia, y la galería de la Rue Vignon fue embargada, así que en noviembre, Picasso regresó a París. El cromatismo de sus pinturas se tornó sombrío, como reflejo anímico del sentimiento de tristeza que

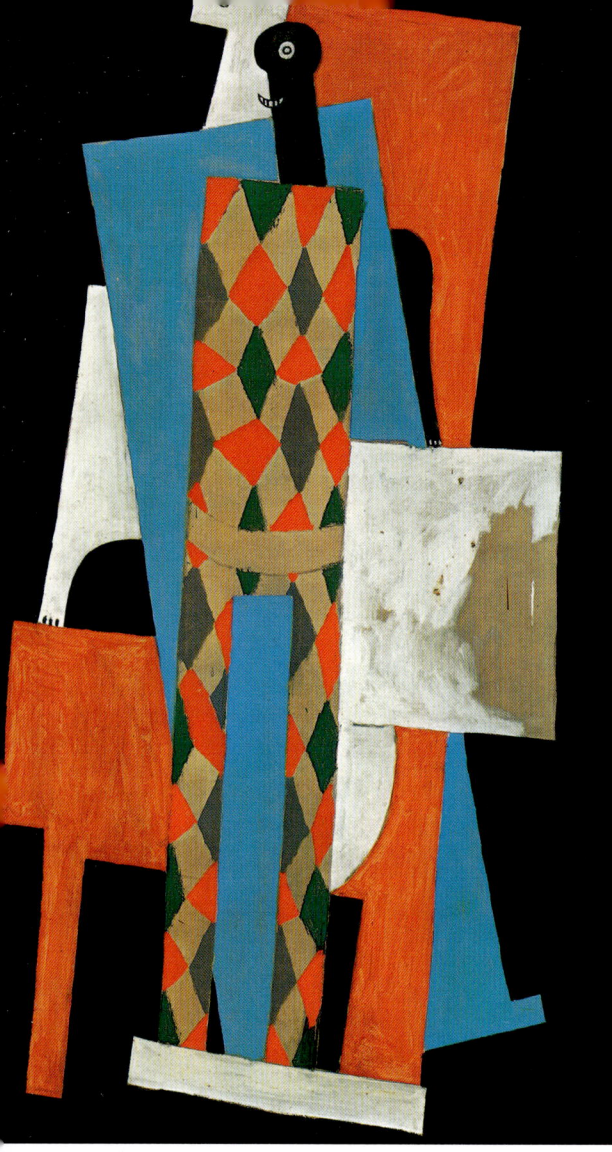

le invadía. En el verano de 1915, Eve cayó enferma y tuvo que ser hospitalizada. Por entonces, Picasso pintó el famoso *Arlequín,* composición con grandes manchas geométricas sobre un fondo negro. El 14 de diciembre, tras haber sido nuevamente hospitalizada, Eve murió, seguramente de tuberculosis. Para Picasso fue un golpe fatal.

En junio de 1916, presentó *Las señoritas de Avignon* en el Salón d'Antin, exposición organizada por André Salmon. Durante el verano se trasladó a Montrouge, al número 22 de la Rue Victor Hugo. En esa época, Picasso inició su relación con los Ballets Rusos, y en febrero de 1917 viajó a Roma con Cocteau, para reunirse con Diaghilev. Allí, en su taller de la Via Marguta, realizó los decorados y el vestuario para el ballet *Parade,* de Eric Satie, y allí conoció a Olga Koklova, miembro de la compañía.

Visitó los museos de Nápoles, Pompeya, Roma y Florencia y, a finales de abril, regresó a París, donde el estreno del ballet suscitó grandes controversias. A principios de junio, viajó a Madrid y a Barcelona con la compañía de ballet, que más tarde debía iniciar su gira por América del Sur. Olga no prosiguió la gira y se quedó junto a Picasso. En Barcelona, este pintó una obra que sorprende tanto por su puntillismo como por su cromatismo cálido, *Mujer con vestido español o La Salchichona;* y ya en Montrouge, donde se instaló con Olga, *Retrato de Olga en un sillón,* de estética realista. La pareja contrajo matrimonio el día 12 de julio de 1918, en la iglesia ortodoxa rusa de la Rue Daru, en París.

■ *Retrato de Olga en un sillón*
1917, óleo sobre lienzo, 130 x 88 cm
París: Musée Picasso

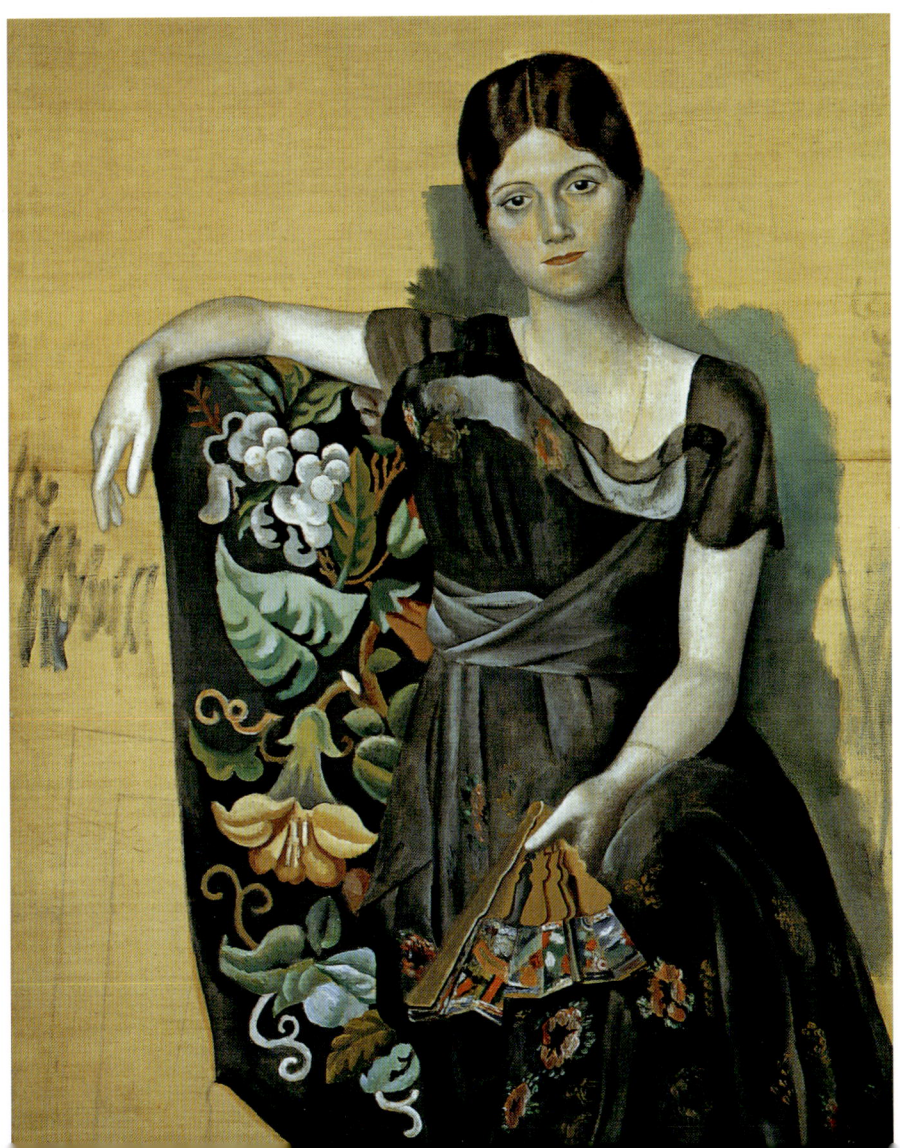

LA ÉPOCA CLÁSICA

Las circunstancias de la guerra crearon en Francia un clima de cierta prevención hacia los extranjeros. Posiblemente por prudencia, Picasso abandonó el cubismo, que tenía un cierto aire revolucionario, y comenzó a interesarse por el mundo clásico que acababa de conocer directamente en Italia.

El retorno a la figuración

Quizá, la primera obra de gusto clasicista la encontremos en *El pintor y su modelo,* que Picasso no finalizó o que, tal vez, consideró acabada. Y tampoco termina una etapa radicalmente, como ya hemos visto que ocurría con las épocas azul y rosa.

Ahora iniciaba un periodo clásico, pero sin olvidar todo su bagaje, y así, en años sucesivos veremos obras como *Tres músicos* y *Tres máscaras músicas,* de marcado sentido irónico y festivo y, entre 1924 y 1925, bodegones en los que seguiría utilizando el cubismo. A partir de este momento, es cada vez más difícil delimitar la obra de Picasso por épocas. Unas y otras se suceden, se imbrican, se interrelacionan y son interdependientes. La mítica Edad de Oro que Picasso nos ofrece, su Grecia reinventada, está poblada de escultores y pintores, musas y modelos, sátiros y minotauros. El artista recrea un mundo de plenitud, sin prejuicios y de sexualidad plena. No hay crisis, ni injusticia, y la única violencia es la del erotismo. En este momento en particular, es válido el tópico de la mujer como objeto de deseo.

En la villa La Mimoserie, en Biarritz, pintó *Las bañistas,* obra colorista, desenfadada y con movimiento, en la que mantiene ciertas distorsiones anatómicas y recrea la espléndida cabellera al viento de la bañista en pie. En esta ciudad conoció a Paul Rosenberg, que pasaría a ser su marchante. Regresó a París, donde instaló taller y vivienda en dos pisos del número 23 de la Rue de La Boétie, iniciando una vida más aburguesada y con cierto lujo.

Pintó por entonces Picasso un *Pierrot* que aparece con la cara sin maquillar y que está ataviado a la manera de la comedia del arte.

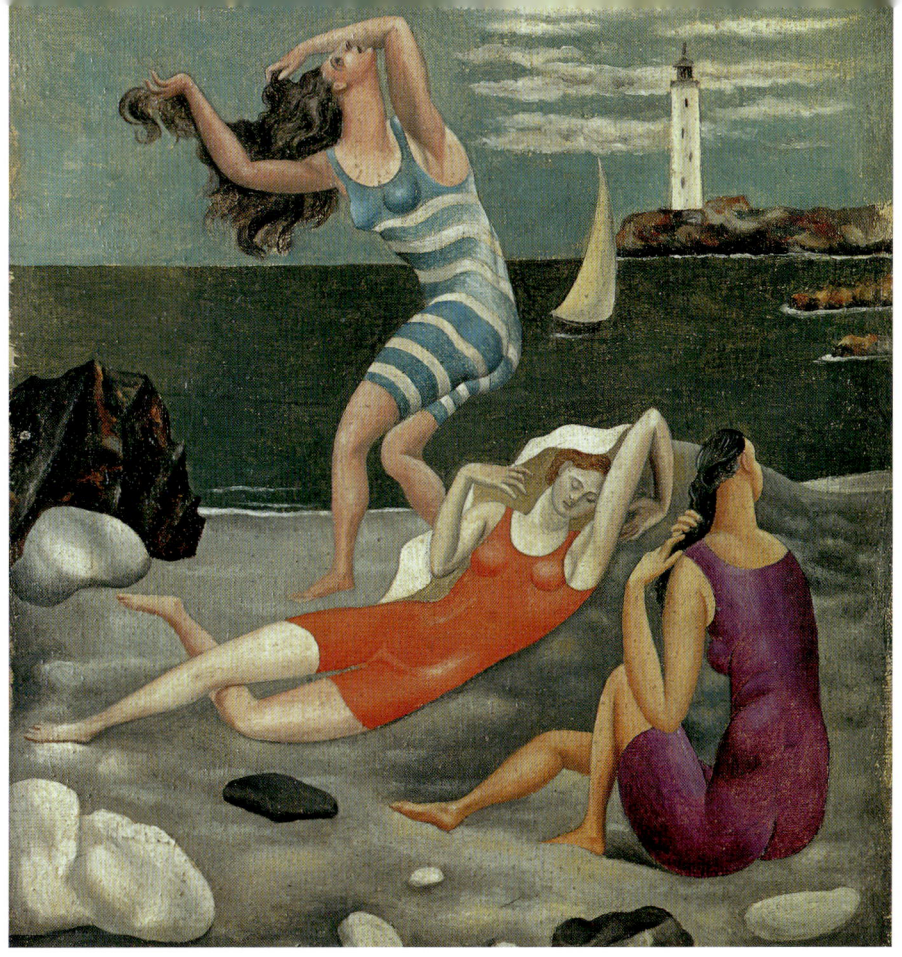

■ *Las bañistas*
1918, óleo sobre lienzo, 27 x 22 cm
París: Musée Picasso

Bodegón con jarro y manzanas pertenece a la producción del año
siguiente. En mayo viajó a Londres para colaborar nuevamente
con Diaghilev en *El sombrero de tres picos,* con música de Manuel
de Falla. Son años de intensa relación con los Ballets Rusos, para
los que realizaría diferentes trabajos, además de los retratos a
lápiz de Diaghilev, Manuel de Falla e Igor Stravinsky, de acentuado
neoclasicismo, casi a la manera de Ingres. Este contacto con el mundo
de los Ballets Rusos convirtió a Picasso en una estrella de la vida
social europea, hizo que se acostumbrase a las relaciones mundanas
e, incluso, que se vistiera de etiqueta. Es evidente que se produjo un
cambio en sus posibilidades económicas. A finales de año pintó, en
homenaje a Manet, el lienzo *Los enamorados.*

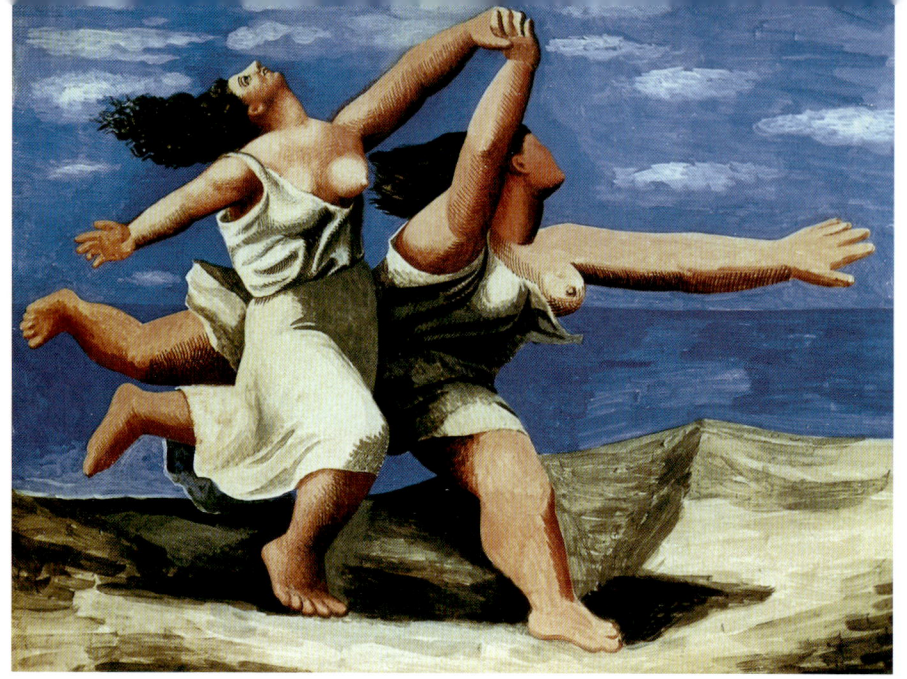

■ *Dos mujeres corriendo por la playa (La carrera)*
1922, aguada sobre contraplacado, 34 x 42,5 cm
París: Musée Picasso

A comienzos de 1920, Kahnweiler regresó a París, y en septiembre inauguró su nueva galería en la Rue d'Astorg. De esta época es su obra *La gran bañista.*

El 4 de febrero de 1921 nació Paul y en abril se publicó la primera monografía sobre Picasso, escrita por Maurice Raynal. En junio se instaló con su mujer y su hijo en Fontainebleau, donde pintó las dos versiones de *Tres músicos,* así como *Tres mujeres en la fuente, La lectura de la carta* y *El baile aldeano,* obras en las que investiga sobre el volumen.

Al año siguiente, pasó una temporada en Dinard, donde pintó *Dos mujeres corriendo por la playa (La carrera),* en la que los miembros y los cuerpos se desarrollan y crecen mostrando una fuerte energía y dinamismo. En esta escena, la comunión con la naturaleza alcanza una de sus cotas máximas y los valores plásticos adquieren gran importancia.

En 1924, Picasso retomó la temática de los arlequines, con *Arlequín sentado (El pintor Jacint Salvadó)* y con *Paul vestido de arlequín,* muy próximos a la concepción estilística del Pierrot de 1918. Pasó el verano en Cap d'Antibes, donde pintó *La flauta de Pan*: estos dos jóvenes de cuerpo voluminoso no proyectan sombra alguna, se recortan sobre un fondo azul, participan de la luz intensa y de la claridad del mar que nos hace ver el carácter mediterráneo de esta obra. Es un momento en la trayectoria del artista en que este disfruta de la vida, de su vitalidad, así como de la representación gozosa de las cosas cercanas: Olga, su hijo Paul y sus amigos. Picasso continuó veraneando en la Costa Azul, ahora en Juan-les-Pins, en la villa La Vigie, y colaborando con los Ballets Rusos.

■ *Paul vestido de arlequín*
1924, óleo sobre lienzo, 130 x 97,5 cm
París: Musée Picasso

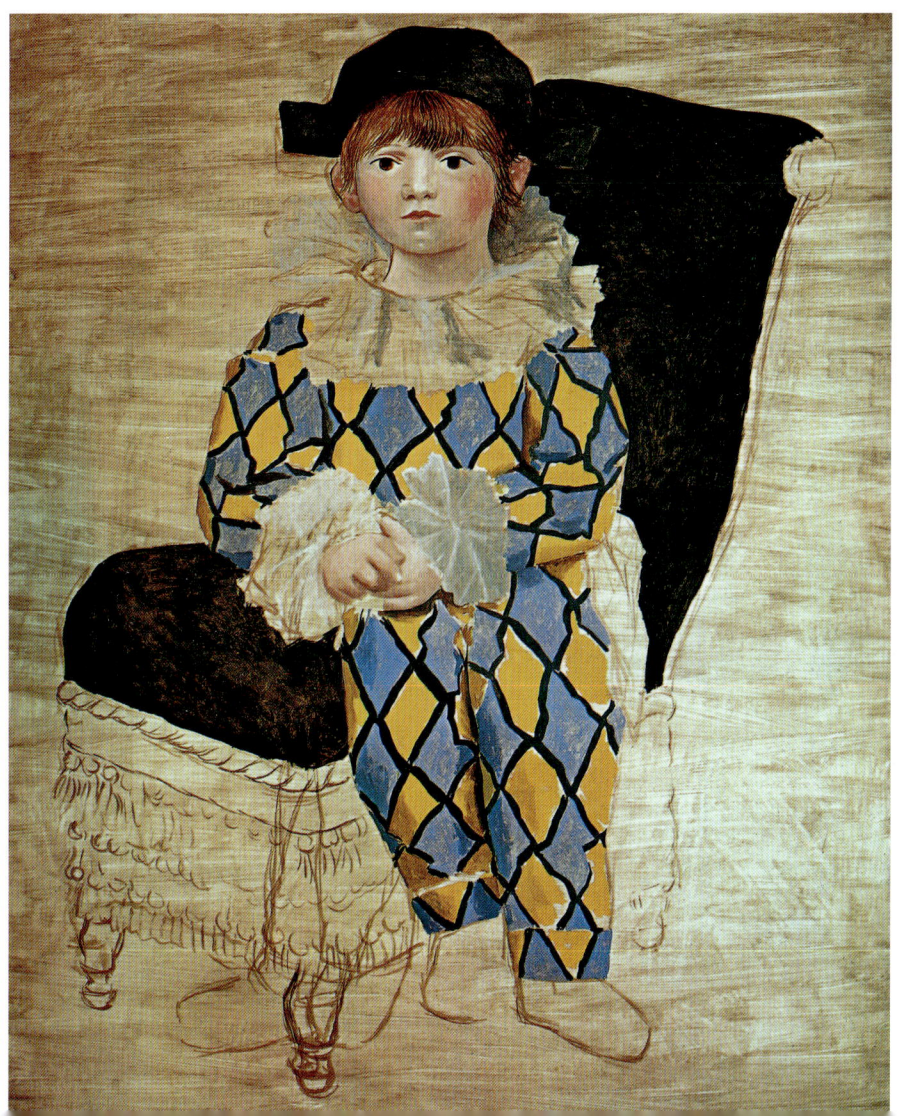

PICASSO Y EL SURREALISMO

En 1925, Picasso entró en contacto con Breton, quien le arrastraría, en cierto modo, a la aventura del surrealismo.

A finales de junio, se instaló en la villa Belle-Rose de Juan-les-Pins para pintar *Cabeza y brazo de yeso*. La naturaleza muerta como género y el taller como referencia son temas centrales en la obra de Picasso.

El taller es el lugar en el que reflexiona, donde se confirma artísticamente, y el bodegón le permite mostrar su virtuosismo artístico. Observamos un elemento cubista en el tratamiento del mantel, como si fue fuera un *collage,* y clasicismo en la cabeza de yeso. Las formas de las manos y de los pies volveremos a verlas en obras de tanta importancia como el *Guernica,* y el paisaje de fondo también será relevante en cuadros posteriores con el tema del taller.

▪ **Cabeza y brazo de yeso**
1925, óleo sobre lienzo, 98,1 x 131,2 cm
Nueva York: Museum of Modern Art

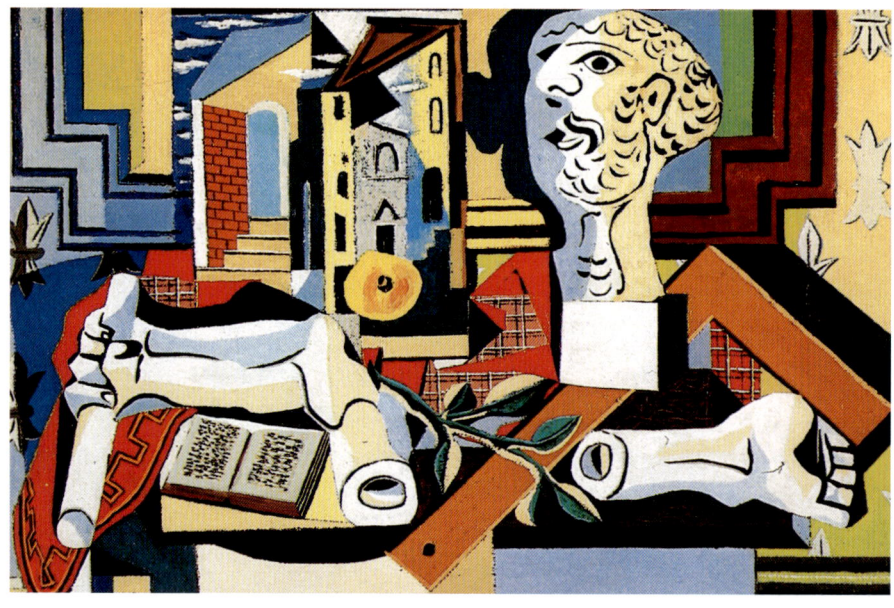

En junio de 1926 se celebró en la Galerie Paul Rosenberg de París, una exposición que recogía el trabajo de Picasso de los últimos años. En enero de 1927, Picasso conoció a Marie-Thérèse Walter, que tenía en ese momento 17 años; era una muchacha suiza rubia, fuerte, sana y deportista, y de inmediato, se sintió cautivado por ella.

Se convirtieron en amantes y la instaló en un apartamento del bulevar Henri IV. En Cannes, durante el verano, realizó los dibujos a tinta china del *Cuaderno de la Metamorfosis,* con bañistas monstruosos y temas sexuales agresivos. En 1928 hizo el gran *collage* del *Minotauro,* que supone la primera aparición del tema. Durante el verano, volvió a Dinard con Olga y Paul, pero siguió viendo a Marie-Thérèse.

En julio, el pintor adquirió el castillo de Boisgeloup, cerca de Gisors. Su popularidad era desbordante; Picasso era un hombre rico que circulaba con un Hispano Suiza y acababa de comprarse un palacio del siglo XVII donde vivía lujosamente con mucho servicio, tal como le gustaba a su mujer, quien organizaba en el palacio multitud de fiestas... Ella estaba inmersa en el mundo de la fantasía, casada con el «príncipe de la pintura», pero quizá no era capaz de estar en lo que para él tenía auténtico interés: su producción artística.

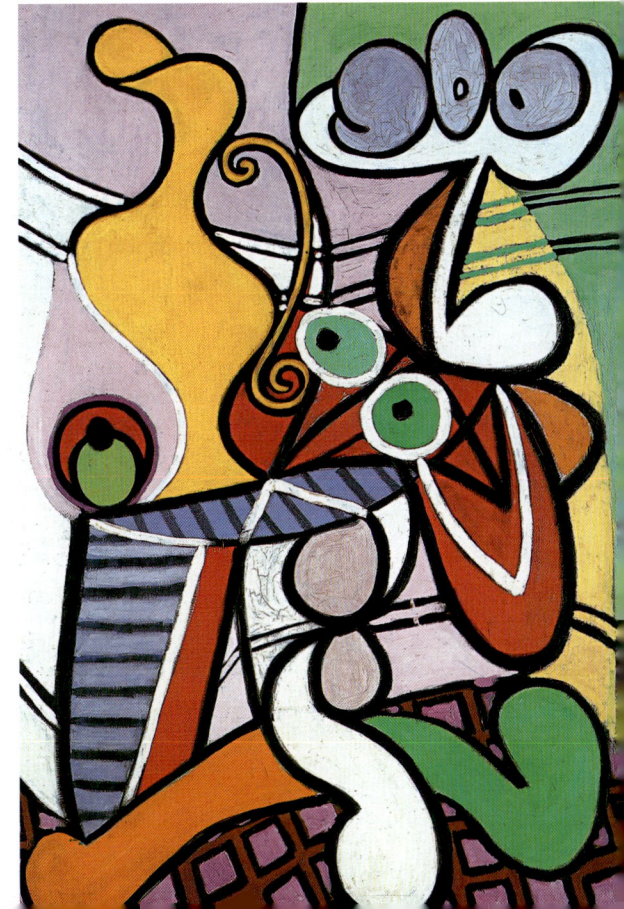

En otoño, Marie-Thérèse se instaló en el número 44 de la Rue de La Boétie. Picasso recibió en octubre el premio Carnegie por el *Retrato de Olga de perfil.* La entrada de Marie-Thérèse en su vida significaría un nuevo cambio de rumbo en su pintura. En marzo del año siguiente terminó el *Gran bodegón del velador,* retrato

■ *Gran bodegón del velador*
1931, óleo sobre lienzo, 195 x 130,5 cm
París: Musée Picasso

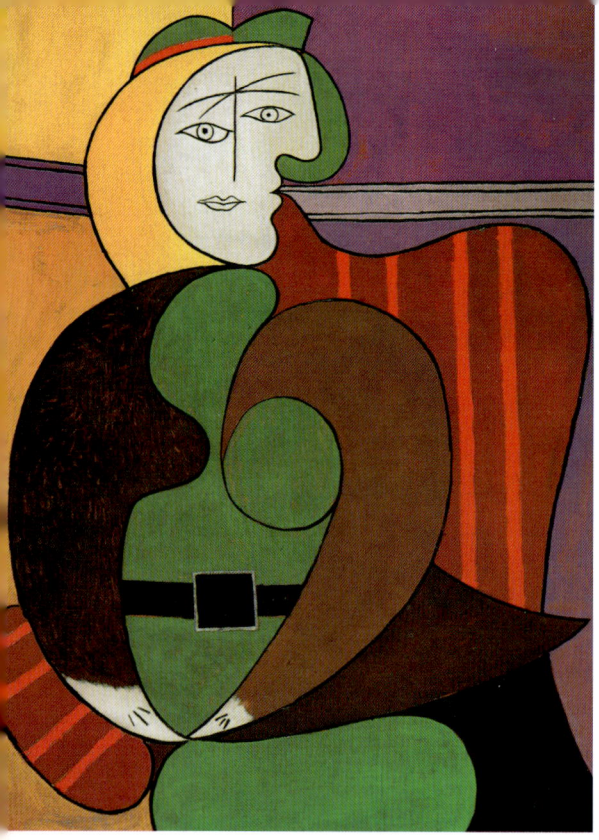

■ *Mujer sentada en un sillón rojo*
1931, óleo y esmalte sobre contrachapado,
130,8 x 99 cm. Chicago: Art Institute

cifrado de Marie-Thérèse, que sería su musa, estímulo y modelo hasta 1936. A principios de 1935, Marie-Thérèse quedó embarazada y Picasso le pidió el divorcio a Olga, pero ella no se lo concedió.

En febrero se inauguró una exposición de *papiers collés* en la Galerie Pierre, con catálogo de Tristan Tzara. A partir de mayo, interrumpió su actividad pictórica y se dedicó a escribir poemas surrealistas. En junio se separó de Olga, y en julio le propuso a su amigo Sabartés que fuese a Francia y se hiciera cargo de sus asuntos. Sabartés sería su secretario hasta su muerte, en 1968. El 5 de septiembre nació Maya.

El 18 de julio estalló la guerra civil española y Picasso fue nombrado director del Museo del Prado por el Gobierno de la República. En agosto viajó a Mougins y allí inició su relación amorosa con Dora Maar.

En esta época, Picasso seguía insistiendo en su búsqueda de una irrealidad real. Surrealismo, cubismo, deudas de las culturas primitivas se juntaban en sus obras. Era, el suyo, un surrealismo personal, alejado del realismo de Dalí y de la significación mironiana. Es, en definitiva, un surrealismo más de formas que de conceptos; un surrealismo que nunca abandonará, a lo largo de su trayectoria artística. Sus composiciones no plasman los sueños, sino un mundo a caballo entre lo onírico y lo abstracto. En esta época Picasso avanzaba su lenguaje posterior, basado en las formas más insinuantes que reales.

ENTRE DOS GUERRAS

La obra de Picasso se vio fuertemente influida por el drama de dos guerras. La primera fue la fratricida contienda española, campo de pruebas de la aviación alemana que tuvo su plasmación más trágica en el bombardeo de la ciudad vasca de Guernica. La segunda fue la guerra mundial que enfrentó a los pueblos de Europa y del mundo con la sinrazón de Hitler.

En este periodo, Picasso reflejó en sus composiciones el horror, el miedo, la repulsa que le produjeron todos estos acontecimientos. Quiso de esta manera, a través de su pintura, dejar constancia documental y crítica de estos años de terror.

Dora Markovitch, nacida en Argentina, era hija de un arquitecto croata y una mujer francesa y amiga de Paul Éluard. Durante más de un año, Marie-Thérèse y Dora compartieron el mismo amante, pero, finalmente, en 1936, Picasso iría a vivir con Dora, relación que duraría nueve años, hasta 1945, es decir, los años de la guerra de España y de la Segunda Guerra Mundial.

La guerra española supuso para Picasso una preocupación moral intensa. El pintor plasmó su dolor en terribles imágenes, como la *Mujer que llora,* y en los numerosos estudios para el *Guernica*.

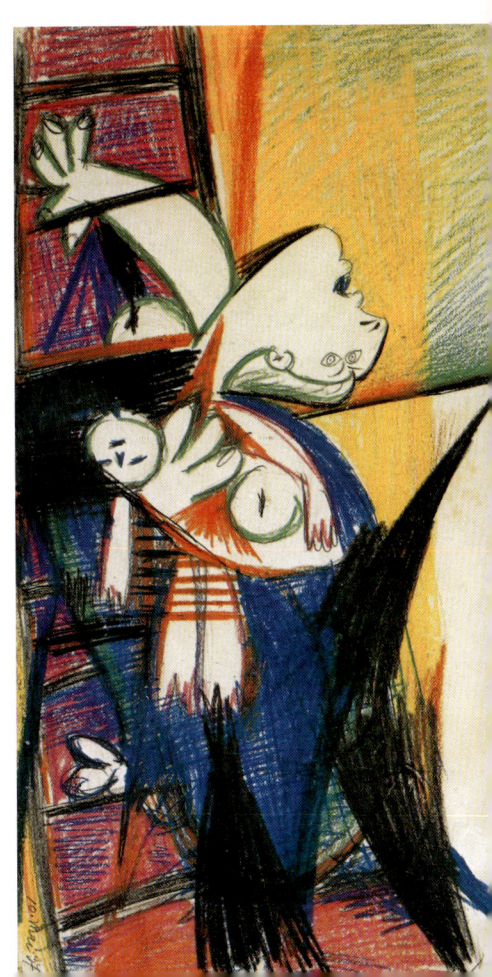

■ *Madre con niño muerto en escalera.*
Estudio para «Guernica»
1937, lápiz y tiza de color sobre papel, 45,7 x 24,4 cm
Madrid: Museo Nacional Centro de Arte Reina Sofía

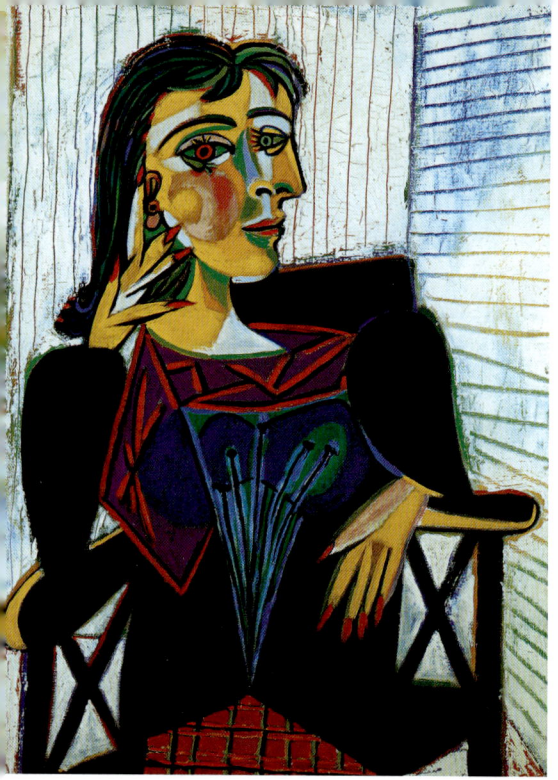

Retrato de Dora Maar
1937, óleo sobre lienzo, 92 x 65 cm
París: Musée Picasso

A comienzos de 1937 pintó el *retrato de Marie-Thérèse con guirnalda* y el *Retrato de Dora Maar;* entonces vivía entre Mougins y Temblay-Sur-Mauldre, donde Vollard le cedió una finca en la que realizó, entre otros, numerosos retratos de Marie-Thérèse y el lienzo *Muchachas jugando con un barco.*

El Guernica

El gobierno republicano español le invitó a participar en el Pabellón Español de la Exposición Internacional de París con una pintura mural. El 26 de abril bombardearon Guernica, y los periódicos *Ce-Soir* y *L'Humanité* publicaron las fotos del bombardeo en los días siguientes. El 1 de mayo Picasso empezó a trabajar en la realización de los más de cincuenta estudios que concluirían con el *Guernica* que, a mediados de junio, se instaló en el pabellón. A finales del mismo año, puso fin a las obras que realizaba dentro de la línea del *Guernica* con *Mujer que llora* y *La suplicante.*

En 1934, las imágenes sobre el tema de la corrida de toros no solo habían aumentado, sino que experimentaron algunas variaciones importantes. El toro que agrede y destroza al caballo se había convertido, en muchos casos, en protagonista (*Corrida: La muerte del torero,* cuyo caballo es un antecedente directo). En el *Guernica,* la escena desarrolla un acontecimiento que ocasionalmente tiene lugar en la plaza, pero lo hace con una intensidad cruel que desborda la anécdota. La violencia más extrema del *Guernica* es el motivo central, la brutalidad del toro, su instrumento. Una figura bien distinta, la mujer con un quinqué o una vela, empieza a iluminar estas escenas de violencia. Con esta obra, el artista inaugura una temática de gran predicamento en el siglo XIX: la pintura de batallas. Pero Picasso invirtió la tradición. Aquí no hay héroes, solo víctimas; no hay naturaleza, solo calles arrasadas; no hay dignidad ni en la victoria ni en el perdón, solo la atrocidad de lo que sin piedad es arrasado; no hay soldados, guerreros, luchadores, solo la violencia más desmedida. El artista evita la representación de la anécdota del bombardeo. No se reconocen las imágenes que aparecen aquellos días en los periódicos, pero su violencia es mayor. *Guernica* es la alegoría que adelanta la tragedia de la Segunda Guerra Mundial. Picasso se sirvió del toro, enérgico y monumental, del caballo destripado que relincha de dolor, de la maternidad doliente, del guerrero muerto, de la mujer que grita aterrorizada ante el desastre, de la luz que ilumina los acontecimientos, del incendio del bombardeo… y construyó un espacio angustioso en el que los personajes se estiran, crecen desmesuradamente. La intensidad del horror y la violencia se respiran al primer golpe de vista.

■ *Corrida: La muerte del torero*
1933, óleo sobre tabla, 31,2 x 40,3 cm
París: Musée Picasso

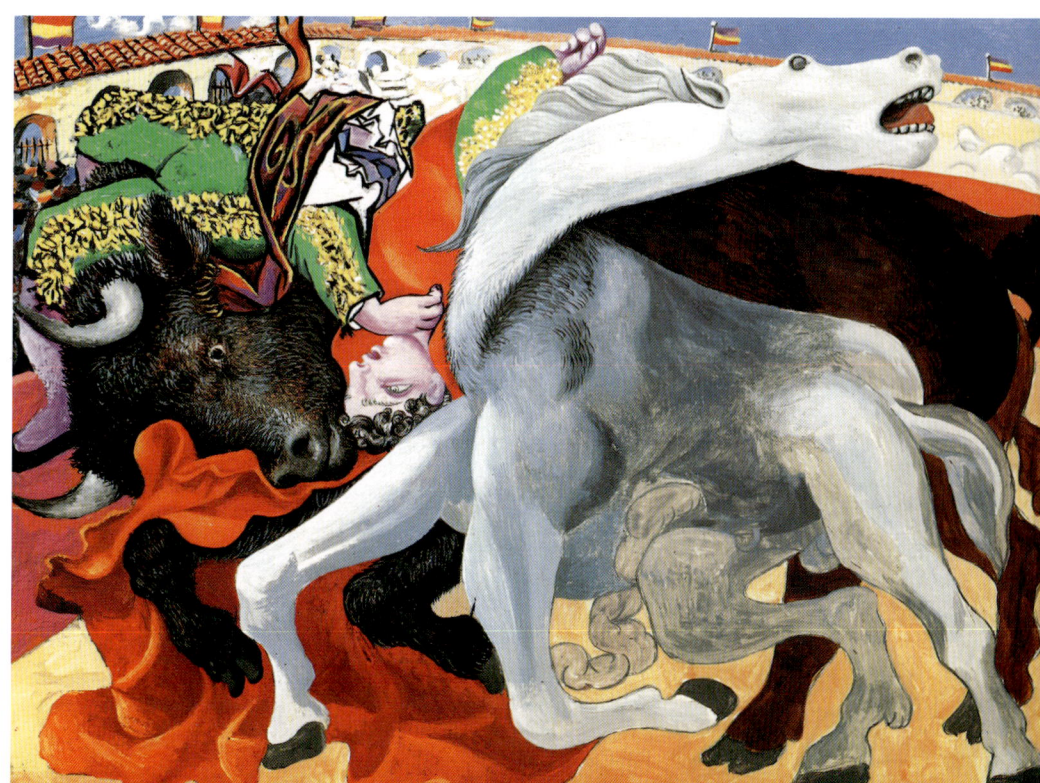

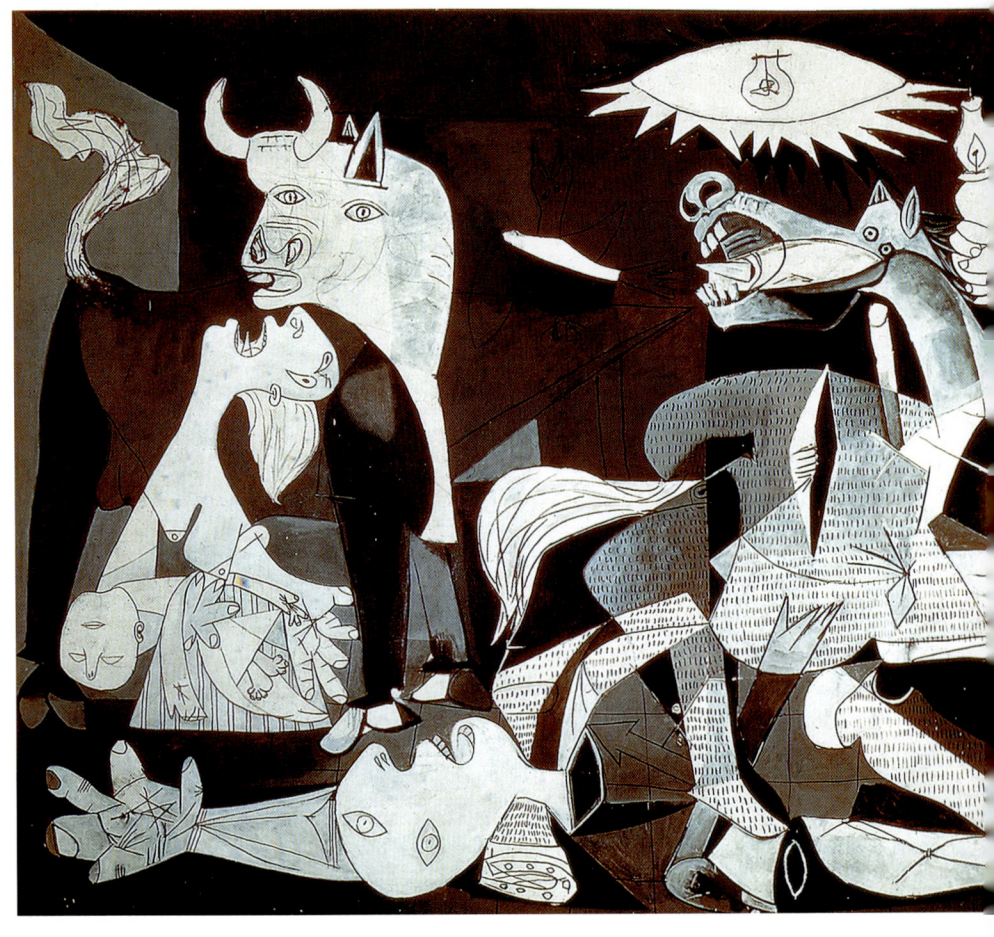

▪ *Guernica*
1937, óleo sobre lienzo, 349,3 x 776,6 cm
Madrid: Museo Nacional Centro de Arte Reina Sofía

La iluminación acentúa la violencia descarnada, y la ausencia de color hace que este apocalíptico mundo de sombras sea contundente y directo heredero de las pinturas de la Quinta del Sordo. Su fuerza radica en el mundo de desolación y violencia y en el patetismo que expresa.

En enero de 1939 murió la madre de Picasso en Barcelona. En mayo se exhibieron en Estados Unidos los estudios preparatorios y el *Guernica*. La exposición, que iría a cuatro ciudades, se inició en la Valentine Gallery de Nueva York.

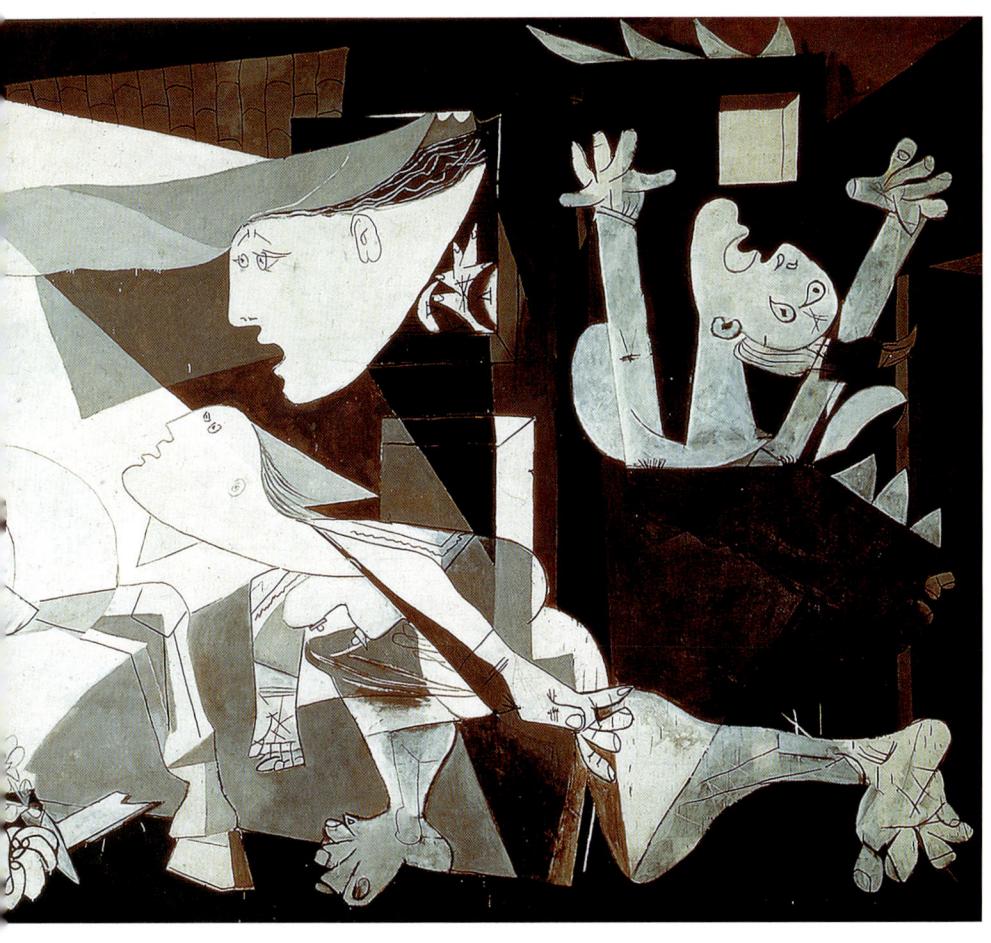

La Segunda Guerra Mundial

En 1940, Picasso abrió taller en Royan, en la cuarta planta de la villa Les Voiliers. En este pequeño pueblo de la costa atlántica, pintó, paseó y procuró olvidarse de la angustia de la guerra. Le gustaba ir a la lonja de pescadores y al mercado, y recreó en multitud de bodegones todo cuanto veía. Buen ejemplo de ello es el bodegón *Los congrios,* impregnado de gran dramatismo por la rotundidad del dibujo y la sobriedad del color, mientras que en el *Café de Royan,* con el puerto pesquero al fondo, nos revela lo que veía desde su taller. Royan quedará prácticamente arrasado en 1944. En esta época, también trabajó en el cuaderno de bocetos para *Mujer desnuda peinándose,* dislocada, monstruosa, con la cabeza rota y sobre un fondo terroso. Más explícito todavía es *Gato devorando un pajarillo,* que aparece como una premonición de la guerra, dos días antes del estallido. Durante toda la Segunda Guerra Mundial, abandonó su piso de la Rue de La Boétie y se instaló en el taller de la Rue des Grands-Agustins. Iba y venía de Royan a París, donde todo era miedo, desolación y desmoralización ante las amenazadoras noticias que llegaban del frente.

Durante el verano del año siguiente, pintó *La mujer en un sillón, La mujer de la alcachofa* y *Niño con langosta.* En 1942 murió Julio González y, en homenaje a su memoria, Picasso pintó una serie de siete cuadros representando, sobre un fondo de grandes superficies geométricas verdes o violáceas, un cráneo de buey (a modo de *vanitas,* y en sustitución de la clásica calavera) de una estremecedora intensidad dramática.

El 25 de agosto la ciudad de París fue liberada por los aliados, y Picasso regresó a la Rue des Grands-Agustins. Celebró la liberación con el pequeño cuadro *La bacanal,* basado en Poussin, en el que personas y animales se confunden en un agitado arabesco.

▪ **Gato devorando un pajarillo**
1939, óleo sobre lienzo, 96,5 x 128,9 cm
Nueva York: Colección particular

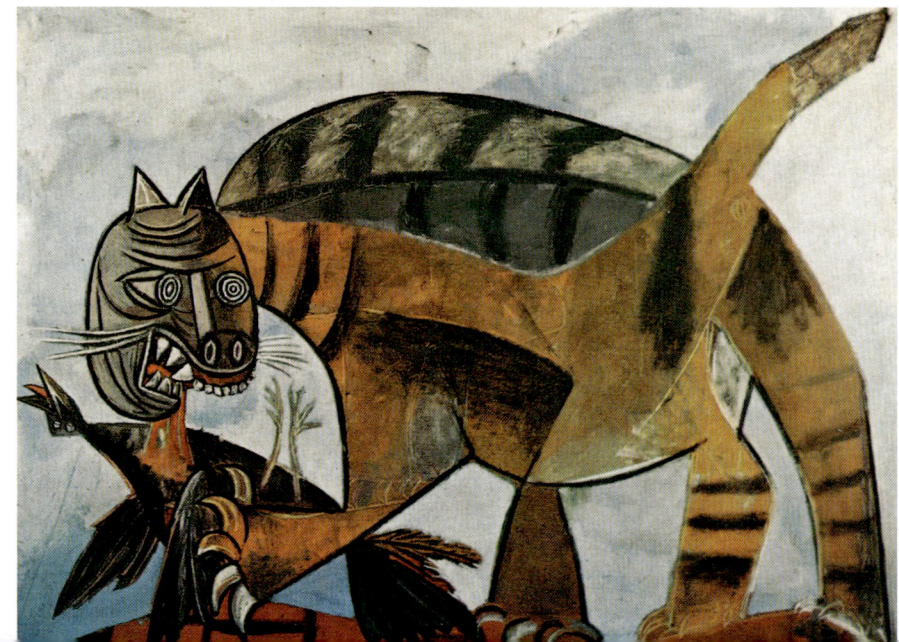

ENTRE LA FELICIDAD Y EL DRAMA

Acabada la contienda mundial, Picasso recobró la alegría de vivir al conocer a la joven Françoise Gilot. Amplió sus tipologías artísticas hacia la escultura y la cerámica con unas formas propias y personales, sin ataduras a una manera idéntica, sino buscando respuestas a cada nuevo tema.

Cuando Picasso conoció a Françoise Gilot, ella tenía 23 años y era estudiante de letras y de pintura. Se conocieron durante una cena en Le Catalan, a la que Picasso acudió acompañado por Dora Maar y la vizcondesa de Noailles. La joven impresionó de tal forma al artista, que ordenó que le enviasen una cesta con cerezas. Françoise le hizo entrar en una nueva etapa de su vida, que iba a prolongarse hasta 1953. Con ella tendría dos hijos, Claude (1947) y Paloma (1949).

En diciembre, se inauguró una exposición conjunta de Matisse y Picasso en el Albert & Victoria Museum de Londres, y el 15 de febrero del año siguiente, *Art et Résistence* en el Museo de Arte Moderno de París. En ella se mostró, además de *El osario,* el *Homenaje a los españoles muertos en Francia,* homenaje de Picasso a los españoles refugiados que combatieron en la resistencia durante la ocupación alemana.

■ *Pastoral. La alegría de vivir*
1946, óleo sobre fibrocemento, 120 x 250 cm
Antibes: Museo Picasso

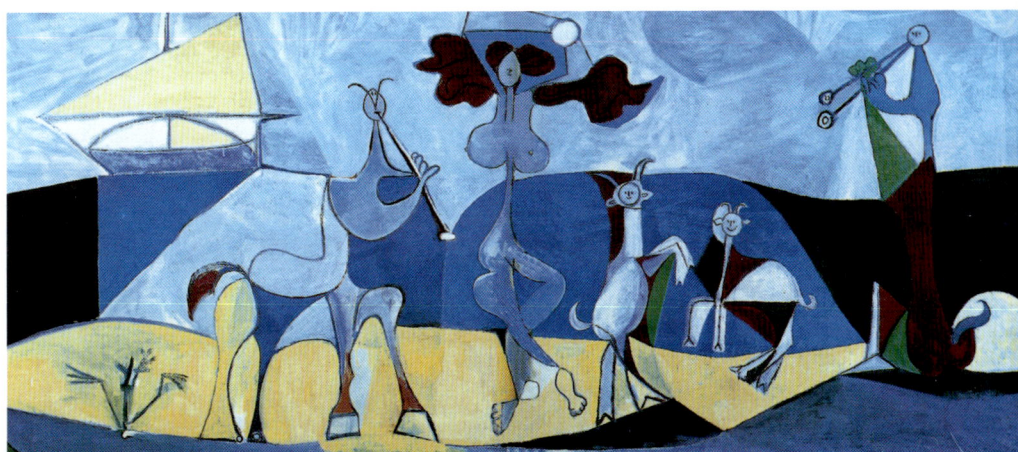

A finales de abril, empezó a vivir con Françoise, y a comienzos de julio viajaron a Ménerbes y se instalaron en la casa que Picasso había regalado a Dora Maar. Fue una época feliz y de intensísimo trabajo, que queda perpetuada en la gesta formidable de llenar todo el palacio Grimaldi de Antibes, colgado sobre el mar, de pinturas, esculturas y cerámicas que hacen de él un museo inigualable. En Antibes, Picasso pintó paisajes y un friso que era la contrapartida al gran dolor del *Guernica*. Es *Pastoral. La alegría de vivir,* que marca una nueva etapa dentro de la evolución del artista. En la obra vemos a una esbelta bailarina impúdica, de grandes pechos, que recuerda a Françoise, cruzando los pies y levantando los brazos por encima de su cabellera suelta. Las figuras que la flanquean son las tradicionales de la corriente bucólica mediterránea: el fauno toca la doble flauta a un lado, el centauro al otro. Las cabras danzan. Al fondo se desliza una barca con vela latina. Picasso nos presenta un mundo que vuelve sus ojos a la vida después de la desolación de dos guerras, la española y la mundial.

▪ *Fuente rectangular «cabeza de un fauno»*
1947, barro blanco, engobes, vidriado, 32 x 38 cm
Basilea: Galerie Beyeler

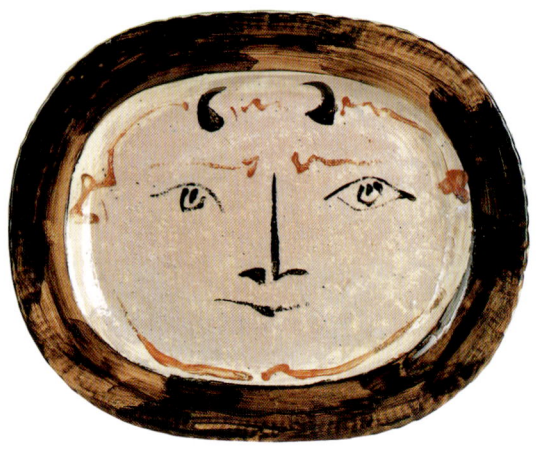

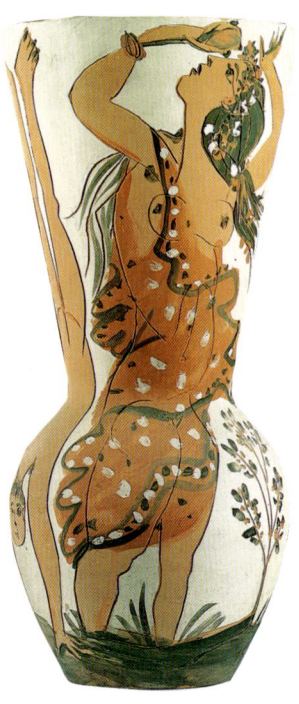

▪ *Jarrón grande «flautista y bailarina»*
1950, barro rojo, pieza torneada, incisiones y engobes,
70 cm de altura. Colección particular

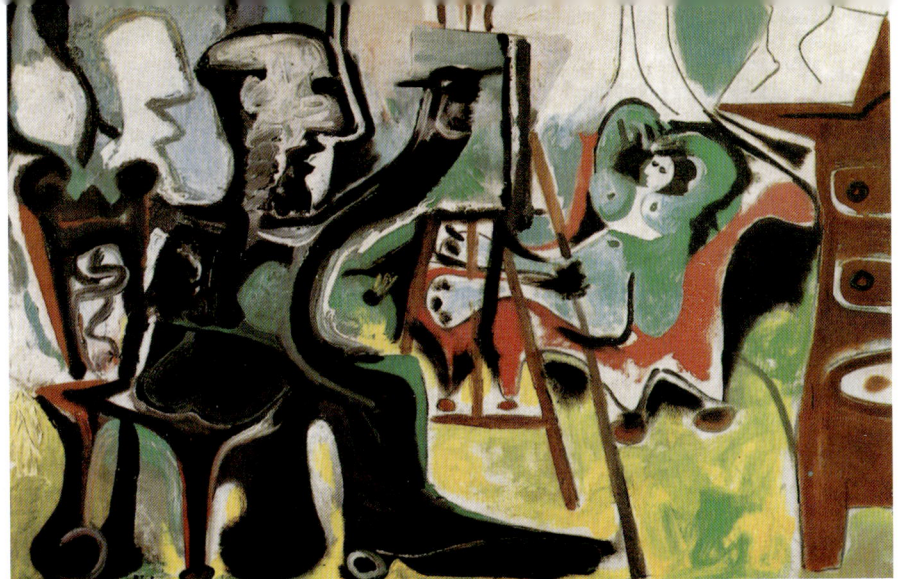

■ *El pintor y su modelo (versión definitiva)*
1963, óleo sobre lienzo, 96 x 132 cm
Colección particular

El pintor comenzó su actividad como ceramista y trabajó en temas mitológicos mediterráneos: faunos, ninfas, sátiros, ménades, centauros y la tauromaquia. En estas obras está contenido el Picasso de lenguaje polivalente, su inagotable habilidad y capacidad, su sentido del juego, su aparente facilidad innata para trazar líneas, componer, disponer los colores y crear ambientes.

Durante el verano de 1948, Françoise y Picasso se instalaron en la villa La Galloise, situada en las colinas de Vallauris, y el 25 de agosto, acompañado por Paul Éluard, el pintor se trasladó a Breslau para asistir al Congreso de Intelectuales por la Paz. Picasso intervino para pedir la libertad de Pablo Neruda, entonces perseguido por el gobierno de Chile. También visitó Cracovia y Auschwitz.

En febrero de 1949 *La paloma* fue seleccionada por Louis Aragon para el cartel del Congreso de la Paz que había de celebrarse en abril en París. La guerra de Corea vino a desmontar la paz idílica de Antibes, lo que pesó nuevamente sobre su ánimo de pacifista. Cambió una vez más de domicilio en París y se instaló en la Rue de Gay-Lussac.

Picasso volvió a reflexionar sobre la historia de la pintura, volvió a Velázquez y a Rembrandt, y esta introspección se concretó en recreaciones de los grandes maestros que veremos más adelante.

La reflexión no es un ejercicio formalista, sino algo que se entreteje con los acontecimientos biográficos que van forjando el futuro. Y como en la serie de las *Meninas,* hace un doble homenaje: al pintor hispalense y al Museo del Prado, aquel del que fue director en el triste periodo de la guerra civil.

Un nuevo horizonte

En noviembre de 1953, Françoise dejó a Picasso y, tras esta ruptura, el artista vivió una etapa pletórica de entusiasmo con Sylvette David, la que creyó su modelo ideal y que encarnaba el tipo de belleza del momento: esbelta y con un airoso peinado de cola de caballo. Era una jovencita de cuello de cisne, ojos claros y labios perfilados y carnosos, con un cierto aire salvaje al que unía la gracia francesa en el vestir. Era su musa, y Picasso realizó toda una serie de pinturas y dibujos sobre el tema del pintor y la modelo (un total de 180).

En el verano de 1954, realizó varios retratos de Jacqueline Roque, a la que parece que conoció hacia 1952, y con la que se unió sentimentalmente en septiembre. Con ella contraería matrimonio en marzo de 1961. Así se inició la etapa que algunos críticos han dado en llamar «época Jacqueline».

■ *Mujeres de Argel (según Delacroix)*
1955, óleo sobre lienzo, 114 x 146 cm
Nueva York: Colección particular

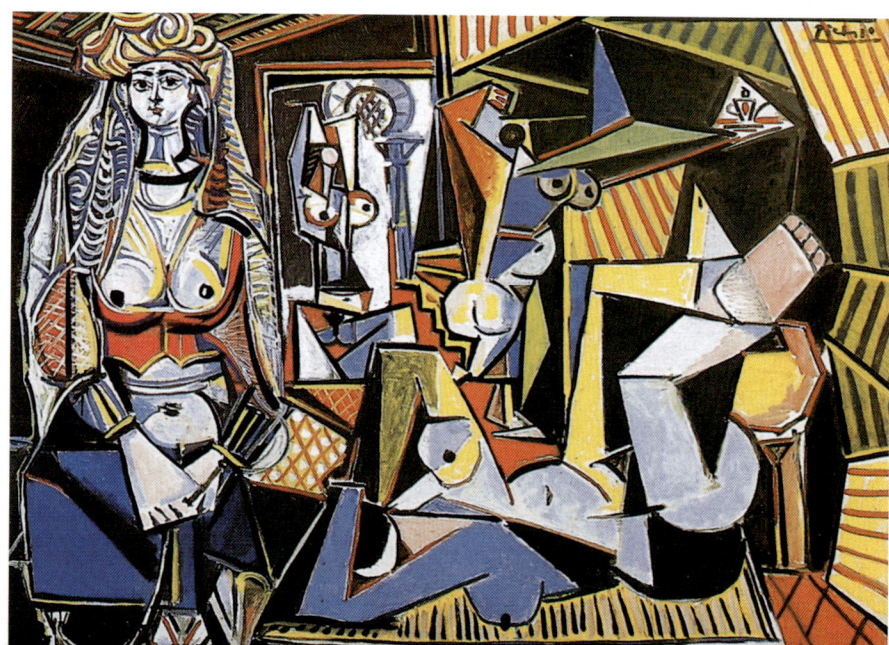

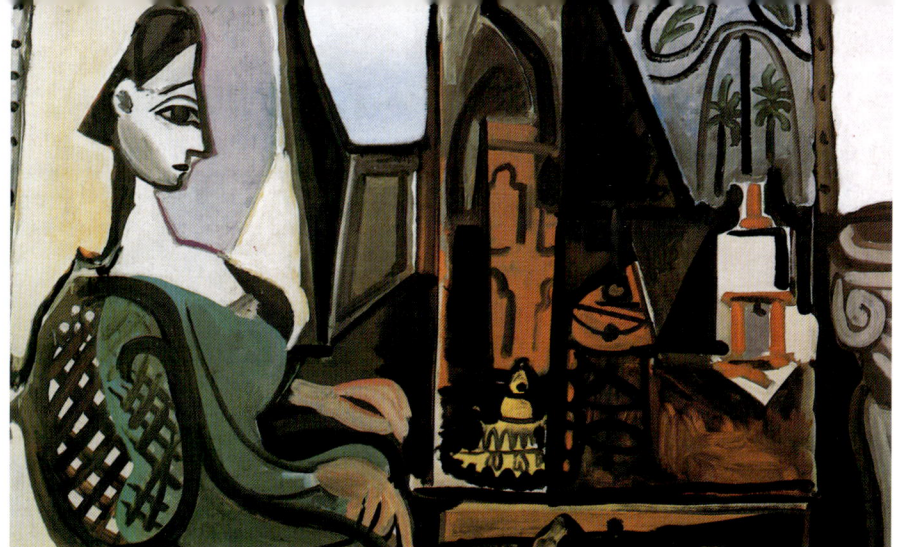

■ *Jacqueline en el taller*
1956, óleo sobre lienzo, 65 x 81 cm
Colección particular

En septiembre, Françoise y los niños viajaron a París y Picasso se marchó a Vallauris con Jacqueline. Después se instalaría con ella en París, en la Rue des Grands-Agustins. En diciembre comenzó las series de variaciones del que será uno de los grandes cuadros de esos años: *Mujeres de Argel,* en donde recreó las odaliscas de Matisse (fallecido el 3 de noviembre), trazadas con gran erotismo. Entre ambos pintores había existido una estimación recíproca y Picasso estaba muy afectado. La organización de esta obra dio paso a otras célebres, como *El taller de La Californie, El estudio* y *Las Meninas,* de Velázquez.

En 1955, Clouzot rodó la película *Le mystère de Picasso.* Ese año murió su hermana Olga en Cannes y Picasso compró la villa modernista La Californie, situada en la parte alta de Cannes, y con unas increíbles vistas al Golfe Juan y a Antibes. La finca poseía un gran jardín de palmeras y eucaliptos en el que sus esculturas pronto encontrarían un lugar adecuado. El traslado no fue nada sencillo, puesto que con el paso del tiempo se habían acumulado grandes cantidades de cuadros, carpetas, esculturas, cajas, herramientas y materiales, además de los enseres propios de la casa.

Unos años más tarde, cuando adquirió el castillo de Vauvenarges, cerca de Aix-en-Provence llegaron hasta allí camiones llenos de muebles y cargamentos de cuadros que ni el propio Picasso había visto durante años, además de las esculturas de La Californie, que encontrarían emplazamiento al pie de la escalinata principal del castillo.

EL PASADO COMO MODELO

En 1957, Picasso llevó a cabo las variaciones sobre *Las Meninas* de Velázquez.

Las revisiones o glosas de artistas consagrados comenzaron en 1945 con *La bacanal,* de Poussin, o *Las señoritas a orillas del Sena,* de Courbet, que llevó a cabo en 1950. En 1955 pintó *Mujeres de Argel,* basado en el cuadro homónimo de Delacroix; dos años después, *La merienda campestre.* Pero la más importante de estas recreaciones es, sin duda, la de *Las Meninas,* de Velázquez, realizada entre el 17 de agosto y el 30 de diciembre de 1957. No es un solo cuadro, sino una serie de 58 telas, de las que 44 corresponden a la pintura de Velázquez y 9 a los balcones de La Californie, y entre las que también hay retratos de Jacqueline.

Picasso hizo esta versión tomándola desde diferentes aspectos, en visiones de conjunto y otras fragmentarias e, incluso, con alguna variación al margen del tema. Este conjunto es, quizá, el que más ampliamente demuestra la iconografía personal del artista. Reinventó o introdujo colores, aumentó o disminuyó las formas según considerase a los personajes positivos o negativos, etc.

Los colores del cielo, el amarillo solar y el azul claro de la atmósfera solo se encuentran en los personajes inocentes: la infanta Margarita, que es demasiado pequeña para participar en los agresivos mecanismos de su familia; Maribárbola, inocente, porque no tiene todas sus facultades mentales, y el bufón infantil, Pertusato. Los demás, o serán fúnebres fantasmas en negro y gris o se teñirán de los folclóricos colores de los demonios ibéricos: el rojo, color del fuego, y el verde, del veneno.

Entre los cambios que introdujo es muy importante el del formato, que si en Velázquez es vertical, Picasso lo hace horizontal, más narrativo, lo que le obliga a bajar los techos, y el mismo Velázquez, que ostenta una enorme cruz de Santiago, aparece como un gigante, dejando pequeños a los demás. Es evidente que se trata de una sátira contra el pintor de la casa real, que vivió con la idea fija de mostrar su nobleza para que le fuera permitido entrar en la Orden de Santiago.

Otro elemento a destacar son los grandes ganchos del techo, que evocan a los que en las carnicerías permiten colgar a los animales abiertos en canal. En el original, seguramente están para colgar lámparas, pero Picasso al hacerlos tan desmesurados, cambia su sentido y crea una atmósfera de crueldad que otorga a la estancia el aspecto de una sala de torturas.

La atmósfera trágica se ve acentuada por el hecho de que los dos funcionarios aposentadores se han convertido en una especie de féretros puestos en pie, macabros. También sustituye al monumental perro velazqueño por un perrillo faldero, dinámico y entrañable, y otorga al monarca, que se refleja en el espejo, una fisonomía un tanto grotesca.

Observando las facciones de los personajes situados en primer término, vemos que los inocentes: la infanta, Maribárbola y Pertusato, tienen las caras redondas, un grafismo solar, imagen de aquello que no tiene aristas y, por tanto, no puede hacer daño; imagen, también, de lo agradable y de la feminidad.

Las Meninas (según Velázquez)
1957, óleo sobre lienzo, 194 x 260 cm
Barcelona: Museo Picasso

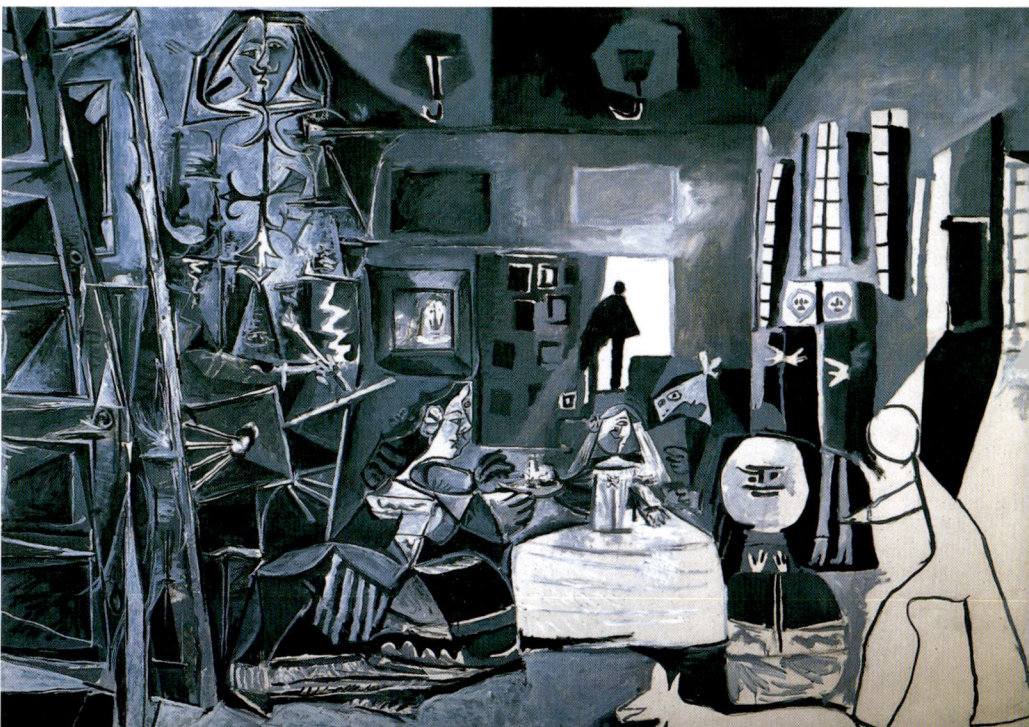

CONSAGRACIÓN DE UN GENIO

En 1957, Picasso recibió un encargo para realizar un mural para el edificio de la UNESCO en París: *La caída de Ícaro.*

En 1960 se celebró una importante retrospectiva en la Tate Gallery de Londres, en la que se mostraron 270 obras. En 1961, tras su matrimonio con Jacqueline, se instalaron en el Mas Notre-Dame-de-Vie, en Mougins, desde donde se divisa Cannes, y Picasso celebró su 80 cumpleaños en Vallauris.

En 1965, Picasso se sometió a una operación de estómago en Neuilly-sur-Seine y, después, realizó su último viaje a París. Repuesto de su operación, al año siguiente, volvió a pintar. En París tuvo lugar entonces una gran exposición con más de setecientas obras, que ocuparon en su totalidad el Grand Palais y el Petit Palais. En 1967, Picasso se negó a aceptar la Gran Cruz de la Legión de Honor, la más alta distinción francesa. Durante este año trabajó en una serie de autorretratos. Al año siguiente falleció Sabartés y Picasso donó 58 cuadros pertenecientes a la serie *Las Meninas* y un retrato de su amigo de la época azul al Museo Picasso de Barcelona. En 1970 donó al mismo museo todas las obras de juventud que se hallaban en posesión de su familia, tanto en Barcelona como en La Coruña.

Con motivo de su nonagésimo cumpleaños, al año siguiente, en la Grande Gallerie del Louvre se presentó una selección de las obras pertenecientes a la colección pública francesa. En 1972 dibujó su célebre *Autorretrato,* donde la cabeza se convierte en una máscara de la muerte con los ojos desorbitados y la expresión serena, aunque expectante.

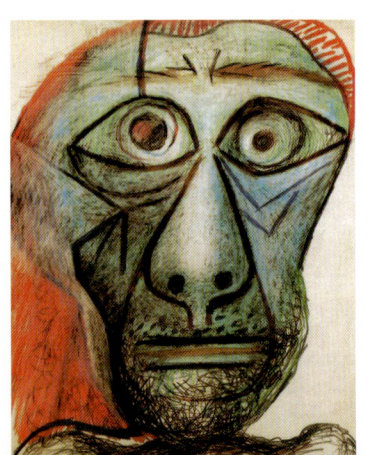

Falleció el 8 de abril de 1973 en Mougins y fue enterrado el día 10 en el jardín de su castillo de Vauvenarges. Sobre su tumba, su mujer hizo colocar *La mujer con vaso,* un bronce de 1933.

■ **Autorretrato**
1972, lápiz negro y lápiz de color sobre papel
Tokio: Colección particular